武装親衛隊とジェノサイド

暴力装置のメタモルフォーゼ

芝 健介

有志舎

武装親衛隊とジェノサイド——暴力装置のメタモルフォーゼ——

目次

第5章 「ポリタリー」から「絶滅のアルバイター」へ 155

——武装SSの「兵士」類型をめぐって

「武装親衛隊神話」を超えて

米ソ間の「冷戦」状況が著しい変化を遂げ、周辺諸国では民族問題を中心に武力紛争が多発するようになり、それらは「新しい戦争」と総称されるようになった。冷戦後のこの状況は、世界各地で大量虐殺を生み出しながら、すでに二〇年近く続いている。二〇世紀の世界が、二度にわたって巨大な暴力と犯罪をひきおこし膨大な犠牲者を生みだした酷薄な世界戦争を経験しながら、二一世紀も戦争は世界各地で繰り返され、戦争犯罪も多発するなか、国連による平和維持活動（Peacekeeping Operations〔ＰＫＯ〕）についても、冷戦後にむしろ設置件数が劇的に増加しているというのが現状である。冷戦期のＰＫＯが、停戦合意監視、兵力引き離し、兵力撤退支援等軍事活動を中心にしていたのに対し、冷戦後のＰＫＯが、選挙監視・運営を含む（民主化へ向けた）行政支援、人道活動保護、安全地帯防護、難民・避難民の帰還支援、武装解除・動員解除・社会復帰等、軍事活動以外に、人道活動・復興支援活動はじめ多種多様な範囲の任務を付託されて活動している点も、特に注目される現象であるが、かかる活動に協力する各国軍にあっては、従来の「国防」以外の新しい任務が模索される中、人道任務や平和強制任務、危機管理任務など伝統的には非軍事であった任務が、複合的に割り当てられ、部隊兵士たちには多機能型の対応が要請されてきているのである。[*1]

ひるがえって二〇世紀の「世界戦争の時代」を考えてみると、この時代の中心問題、わけても犠牲者にとって重大なカタストロフィーであったといわざるをえないのは、ナチ・ドイツの殲滅《せんめつ》的な暴力活動であろう。その重要な一翼をになった武装親衛隊（ＳＳ）の兵士についても、そもそも武装親衛隊とは何か、それはどういう組織的本質を有し、どのような機能を果たしたのか、という問題について、十分な実態理解をふまえた上で、歴史的な答えが出されてきたであろうか。筆者には、二〇世紀世界の戦争と暴力という脈絡にこの暴力組織を据えて分析するというアプローチそのものが圧倒的に欠落していたと思われる。もとよりこうした問題自体、現在まで歴史家の間にとどまらず組織当事者・関係者たちの間で激しく争われてきたことは否めない。かかる問題史をこの歴史的現象が随伴していること自体、特徴的なことであり、したがって武装親衛隊の歴史的定位をこころみることは、なおすくなからざる意味を現在でももっている。本書の目的のひとつもこの歴史的定位とそのための歴史的解明にあるといってよい。

ここでいう武装ＳＳは、ナチ党親衛隊（Schutzstaffel der NSDAP、以下略称で通称のＳＳを適宜使用）の武装組織のことを指す。一九三九年からはこの武装組織を統合する概念としてWaffen-SS（このドイツ語も直訳すれば「武器―親衛隊」ということになる。ＳＳ自身、武器をもった親衛隊という意味でこの言葉を用いたことはいうまでもない）が使用されるようになった。それ以前の武装組織については、さまざまな組織起源をもつＳＳの武装諸部隊を指す総称としてはbewaffnete SS（武装した親衛隊）という語が用いられていたが、本書では、一九三三年一月三〇日のヒトラーの政権掌握以後はじめて成立し、ドイツ「第三帝国」無条件降伏の一九四五年五月まで一二年余りをナチ体制の運命と消長をともにしたSSの武装組織が、現在でもなお流布している武装親衛隊イメージとは裏腹に、SSの圧倒的部分へと膨張発展していった集団として組織的連続性をもっていると考え、武装SSという語を用いることにする。

「武装親衛隊神話」といってもよい、現在なお強力で歴史的実態を映していない件の組織イメージとは、Waffen-SSがSSの一翼組織ではなかったというものである。*2 すなわち悪名高いナチ親衛隊とは異なって「栄光の」ドイツ国防軍の一翼をになっていた、というこの伝説の要諦は、武装親衛隊が、ナチ時代のテロと抑圧を体現した組織SS、すなわち「ホロコースト」＝ヨーロッパ・ユダヤ人大量虐殺に象徴される、途方もない国家犯罪行為を遂行したナチ体制の中核組織SSとは、全くの別組織で、第二次世界大戦前からすでに軍事エリートしてSSとは別個に発展した当然の帰結として、陸海空三軍と並びいわば「第四の」国防軍を構成し、武装親衛隊員は国防軍兵士としてよく戦った、とするところにある。元武装SS上級大将パウル・ハウサーが一九六六年公刊回顧録の表題として『我々も全く同じ国防軍兵士だった』*3 というタイトルを選んだのもこうした神話をばらまくためであった。一糸乱れぬ秩序と規律のドイツ国防軍というさらに強力な伝統的イメージにもあやかろうとする、二重の神話に彩られていたのである。*4

武装ＳＳという言葉を用いるのは以上のような問題の脈絡を意識しＳＳに属する組織であることを明確化しようというねらいをもってのことであるが、いずれにしてもWaffen-SSが当時実際にどう位置づけられていたのか、さらに広義の暴力組織のなかで現在の時点からどのような（再）定義が可能か、あらためて検討再考することが要請されているといってよい。

以上の問題と密接にかかわるいまひとつの大きな問題は、武装ＳＳの組織と行動が、ナチ体制によるホロコーストをはじめとするメガ犯罪ないしジェノサイドをおかした暴力実践のなかでどういう機能を果たし、役割を演じたのかという問題である。ナチ体制の犯罪行為は、それを中核的に担ったＳＳだけに限定されえない。ニュルンベルク国際軍事裁判においてＳＳは、犯罪組織とされ、武装ＳＳもＳＳの一翼であったことは確認され、犯罪組織とみなされたが、その犯罪性が十分詳細に吟味されたとはいいがたいのが実情である。もとより問題をもっぱら犯罪追及の観点からのみ取り扱うだけでは、なぜ、どのような過程をたどってＳＳの組織と暴力、その思想と行動が生成発展していったのかその全体的構造を明らかにすることができないのもまた確かである。武装ＳＳについてほとんど知るところがなくとも、今日、ナチ体制がドイツおよび占領ヨーロッパにおいておかした忌まわしい犯罪を想起するとき、ＳＳを連想しない人はいないであろう。現代史研究はニュルンベルク裁判のために集められた厖大な文書史料とそれについての検討を決定的な起点にしていたといっても過言ではない。ＳＳに関する研究自体、ニュルンベルク裁判以後もこの組織のおかした犯罪の追及と分かちがたく結びついて進捗してきたことは、一九六一年のアイヒマン裁判や六三年のアウシュヴィッツ裁判の例をまつまでもない。アイヒマン元SS中佐を被告とする裁判が、ハイドリヒSS大将指導下国家保安本部を軸とする、絶滅収容所へのヨーロッパ・ユダヤ人強制移送システムを明らかにし、[*5]絶滅収容所の代表的な存在たるアウシュヴィッツ収容所のSS隊員を裁くフランクフルト法廷では四人の現代史家の共同研究『SS国家の解剖』[*6]が鑑定資料として提出・採用され、SS組織の全容が大きくクローズアップされたのであった。

戦争犯罪へのコミットメントという点で、それでは武装SSについてはこれまでどのように認識されてきたのであろうか。ニュルンベルク国際軍事裁判開廷の重要な契機をなしたのは、「マルメディ事件」であった。一九四四年末、西部戦線でドイツ軍がこころみた最後の大反攻中、SS第六戦車軍（ゼップ・ディートリヒ司令官）麾下SS第一師団のヨアヒム・パイパーSS大佐指揮下部隊が、ベルギーのマルメディで捕らえたアメリカ兵七一名を戦時国際法に違反して射殺した事件である。ホロコースト犯罪の情報をすでに入手しながらそれまで必ずしも戦争犯罪追及に熱心でなかったアメリカ政府はこの自国兵士虐殺の報に接しはじめてナチ・ドイツ軍イメージを大転換しニュルンベルク裁判への道を歩み始めることになる。[*7]いずれにしても武装SSが「捕虜をつくらない」（捕虜をその場で虐殺する）部隊であるというイメージをはじめて連合軍にも植え付けた事件であったが、この事件イメージが強烈だったせいか、SSによる新たなメガ犯罪＝ジェノサイド、ホロコースト犯罪と、武装

ＳＳの犯罪（一般的伝統的な戦争犯罪の範疇に入る、捕虜虐殺ないし人質殺害としてしか表象されない犯罪行為）とが密接に連関させられるというよりも、むしろレベルを異にするものとして、奇妙にも切り離され、そのような形で認識が固定化されたように思われる。おかした犯罪をめぐっても武装ＳＳはＳＳと分離され、軍組織の枠組みのなかで認識されがちだったのであるが、たとえばセルビアをはじめ軍のユダヤ人虐殺主導あるいは積極的関与がすでに明らかにされてきているのに、武装ＳＳのホロコースト犯罪へのコミットは否定されたままといっても過言ではない。[*8] ここには歴史研究上の大きな空白が残されているといわざるをえない。

さらに第一の武装ＳＳの歴史的定位の問題と密接にかかわる問題は、組織のメタモルフォーゼ（変身、形態変化）過程をどうみるかという問題である。近代から現代にかけてのドイツの国民国家についてはその国制の変化の激しさがしばしばこれまでも指摘されてきた。二〇世紀前半だけをとってみても、帝制から（第一次世界大戦中の実質的軍事独裁とそれを覆した革命を経て）共和制へ、さらにヒトラー独裁からボン共和国へとめまぐるしく変化したのだが、千年帝国を豪語した「第三帝国」＝ナチ体制自体一二年間しか存続しなかった。ヒムラーを長としたＳＳもこの慌しく過ぎた一二年間絶えざる変化にさらされ、永続的構造を発展させる余裕はなかったといってよく、絶えず新しい組織・呼称・権限分画のジャングルに迷い込みかねなかった。こうしたせわしい変動にＳＳの急速な機能転換が見合っていたともいえよう。成功の見込みが乏しかった泡沫政党を率いたヒトラーのボディーガード組織に端を発し、ナチ党の党警察から内政の鍵を握る暴力、ドイツの戦争遂行のための重要な要素、さらに第二次世界大戦中はドイツが占領するヨーロッパの広範囲にわたる住民支配を経てジェノサイドの実行者へと変貌していったのがSSだったとすれば、その重大な軍事翼を構成した武装SSはどのように発生し、自らを貫徹するなかでいかに自己変化していったのか。この発展と変化のダイナミックな過程についてもこれまでの武装SS研究は粗略に扱ってきたといわざるをえない。そもそも「ファシズムとその時代」を取り扱う場合、近代国家における暴力装置のメタモルフォーゼという問題の脈絡で考えられたことが稀だったと思われるのである。近代国家の暴力独占を象徴する軍と警察の変化・変貌というコンテクストで、さらには第一次世界大戦における敗戦国ドイツに対する軍備制限という背景のなかで、SSさらには武装SSの成立と発展の問題が十分把握されてきたとはいいがたいのではなかろうか。

本書は以上のような先行研究総括と問題認識に立って武装SSの組織を歴史的に再検討再吟味することを目的とする。

第1章
SSの組織原理と武装SSの組織的起源

〈扉写真〉
権力掌握前の親衛隊将校団　1932年（前列右から３人目がヒムラー、
Topographie des Terrors, Berlin 1987）

1　SSの沿革

SSの起源

SSの起源は、ナチ突撃隊（Sturm-Abteilung 以下略称で通称のエス・アーSAと表記）同様、一九二三年一一月のヒトラーたちによるミュンヒェン一揆《プッチ》より以前に遡ることができる。当初親衛隊は、一九二二年、一二名のアードルフ・ヒトラー専属ボディー・ガード組織として発足。二三年三月には、ヒトラーによる命名でシュタプスヴァッへ Stabswache 警護班として正式に登場した。ナチ党が初期から演説家ヒトラーを中心にした政党であった点にまずわれわれは注意しなければならない。

第一次大戦後、軍将校の一人がヒトラー上等兵の演説の才を「発見」し、ボルシェヴィキを撲滅したいと願う軍や民族派世論の期待に応えうる演説家として投入配置を考えたのが重要な契機となって、一九一九年九月一二日、ヒトラーはミュンヒェンの民族至上主義小グループ「ドイツ労働者党」を訪問し、やがて入党する。ヒトラーの入党申請書には「職業はカウフマン（商売人）ですが、目指すは宣伝演説家です。すでに私にこの才があると人は認めてくれています」との記述があるが、彼の語る能力は独特のもので自分は他の誰よりもよく語りうると確信していた。一九二〇年二月ミュンヒェンの最もよく知られたビヤホール、ホーフブロイハウスで彼の演説は二〇〇〇名を集めた。その後、やはりドイツを代表するミュンヒェンのサーカスの公演場ツィルクスクローネでは四〇〇〇〜七〇〇〇人の聴衆を集めることができた。他の都市に「遠征」しても、例えば一九二三年五月二九日にはアウクスブルク（於歌唱ホール）において一万人の聴衆を前に演説している。二〇年一月、一九〇名だった党員は武装蜂起した（ミュンヒェン一揆と呼ばれるが、蜂起は失敗し、ヒトラーも逮捕された）二三年一一月には、五万名を擁するコア政党に膨張するにいたっていた。ヒトラーの演説によって人が集まったという事実は、集会参加費・献金を聴衆各人から受け取れたというにとどまらず党費・ナチ党への献金も増大させることにつながったという意味で、党勢拡大にあたって演説家ヒトラーのカリスマに頼るだけでなくナチ党が財政的にもヒトラーに決定的に依存したということを示していた。

ミュンヒェン一揆前後

のちの親衛隊は、そのヒトラーを警護するスタッフとして党会場整理隊（Ordnertrupp）やその後のホール防衛隊（Saalschutz）というナチ党要人警護・集会防衛を分担する組織の中でも重要なコアとなる組織だったということになる。「ドイツのムッソリーニはアードルフ・ヒトラーである」（二二年一一月三日、ナチ党機関紙『フェルキシャー・ベオーバハター』編集主幹エッサーの言）が示していたように、二二年一〇月のムッソリーニとファシスタ党のローマ進軍にあやかるべく、ベルリン進撃を目指していく間にヒトラーは、軍や「エアハルト旅団」色が強まったＳＡに左右されない、自らの信頼できる組織創出を二三年五月（メーデー粉砕の目論見失敗後）にこころみた。これが司令部警護隊を核とした一〇〇人規模の「アードルフ・ヒトラー衝撃隊」（Stosstrupp-Adolf-Hitler）であった。隊は、同年秋一揆を計画する中で四分隊構成一歩兵小隊、一機関銃小隊、一自動拳銃小隊、一迫撃砲小隊の編制をとるようになり、[*1]一揆そのものにも参加した。ＳＡが反革命義勇軍（Freikorps）出身の志願者から一九二一年ヒトラーらの警護と同時に党集会防衛・暴力闘争の役割も果たす部隊として形成され、やがて権力獲得を目指す大衆運動組織になっていったのに対して、ＳＡから自らを区別し独自の系統を発展させていくことになるこの組織は、二三年一一月の一揆挫折後禁止され、ヒトラー逮捕・裁判・服役・釈放を経たナチ党再建の動きのなかで一九二五年九月再編成された。[*2]それまでの指導者ヨーゼフ・ベルヒトルト（一揆後オーストリアへ亡命）にかわりヒトラー直属の運転手の一人で、司令部警護隊のメンバーであったユーリウス・シュレック（一八九八年生まれ）が新組織の親衛隊 Schutzstaffel（ＳＳ）を率いることになり、彼がＳＳの最初の全国指導者 Reichsführer になった（二六年四月まで）。ＳＡからも党政治組織からもコントロールされない自律組織を目指す動きの始まりである。党再建後亡命先から帰国したヨーゼフ・ベルヒトルト（一八九七年生まれ、文房具商）がシュレックのあとを受け二六年六月九日全国指導者に就任、一揆の年のはじめにミュンヒェンで開催した第一回ナチ党全国大会後三年半ぶりに開いたヴァイマルにおける第二回党全国大会の折、ミュンヒェン一揆で警官隊に撃たれて斃《たお》れた同志の血に染められたナチ党旗をヒトラーから授与されている。SSはここでナチズム運動の総統（Führer）たるヒトラー個人への忠誠を、善悪を超越したものとして誓い、党の最も厳格なエリート組織として血染めのハーケンクロイツ旗をゆだねられたのだった。この旗は、総統のために犠牲になった運動の同志を忘れないいましめと義務の象徴となり、総統のカリスマ性を高め、同時にこのエリート組織SSをより強くヒトラーに結びつけるものとなった。これ以降SA・SSの連隊旗はすべてこの血染めの旗に触れることで聖跋《せいばつ》を受けたものとみなされるようになる。これを媒介する役割を党総統ヒトラーが独占したことはいうまでもない。運動の犠牲者を祀《まつ》る儀礼と旗授与の儀式は緊密に結合され、以後このセレモニーはナチ党全国大会においてクライマックスの位置を与えられるにいたった。[*3] しかしベルヒトルト自身は隊務に熱心さを欠いたのか、二七年三月にはエアハルト・ハイデン（一九〇一年生まれ、商人）が彼にとってかわって三代目の全国指導者に就いている。

ヒムラーの登場

もっとも、このハイデン時代に指導者代理をつとめたハインリヒ・ヒムラー（一九〇〇年生まれ、農学士）[*4]が、SSをヒトラー警護に加えて、すでに情報収集・反党分子監視（反対派の尋常ならざる活動・傑出フリーメーソン会員やユダヤ人指導者の名だたる人物・各地域自治体の特別のイヴェント・反対派が発する秘密指令・ナチズム運動に関する報道概要収集）という党「政治警察」的な新機能の担い手へと進化させていく上で具体的な活動に踏み出していた。[*5] さらに公式の隊員数が二七年の約一〇〇〇名から二九年の二八〇名に減少したことで再度の指導者交代がおこなわれたが、[*6] 二九年一月一六日ヒトラーによってヒムラーが全国指導者に任ぜられたときからＳＳは本格的に躍進することになる。

一九二九年はヴァイマル共和国の不安定化が顕著になる年で、ヤング案（二四年のドーズ案に代えて連合国側がドイツに提示した新たな賠償案）に対する新しい反対闘争の中でナチズムが「国民的反対派」の中心に躍り出て、一九三〇年の国会選挙における大勝利を導き出す重要な曲がり角の年になったが、[*7] ヒムラーが将来のＳＳの核となるエリート主義的組織を本格的に形作り強化していったことが、その後の躍進の基礎をなしたのであった。ＳＳは自分たちを排他的エリートとみなし、黒い帽子と髑髏《どくろ》の記章で他との差異性を強調した。[*8] ヒムラーはＳＳの外貌を規律そのものに見せるよう配慮し、党内抗争にかかわることを禁止し、突撃隊（ＳＡ）の最も有能な隊員を引き抜ける体制も作ったが、エリート主義の最たるものは、その特別な「人種的」入隊基準であった。ＳＳは「能力ある、大柄の、人種的にすぐれた、しかもできるかぎり完全な若い力」から構成されるとし、身長が最低限一メートル七〇センチ、年齢の上限が三〇歳、[*9] そして身体適格を明示した医療証明が必要とされたのである。[*10] こうした選抜基準を設けていた組織は、ナチ党の他の分肢組織にはなかった。ＳＳは、こうした排他的なイメージのゆえに、ＳＡに入隊する者よりも社会的地位の高い人びとを惹き付けたことは否めない。エリート組織としてＳＳを形成するというヒムラーの構想は、独特の農業ロマン主義的「血と土」のイデオロギーと切り離せない。数世代を経て純粋な新しい「アーリア人」貴族制がＳＳから生まれ、ゲルマンの祖先の素朴な生活に回帰すれば、戦士や大農、大家族の家父長として、東方植民の新たな波を引き起こす不可欠の構成部分になる、というのである[*11]。

かかる人種「純化」、（東方）農業植民計画、ＳＳ血縁共同体育成を目的としてヒムラーは「人種・植民局」を三一年に設置し、また同年秋には、元海軍将校エリート候補生ながら女性問題で軍から放逐されたラインハルト・ハイドリヒを長とする軍隊スタイルの情報組織、保安局（のちの保安部ＳＤ）創設にも着手、指導・管理・人事をになうＳＳ局（のちのＳＳ主管本部）と合わせ、ＳＳの三本柱を形成し、三二年末には五万人（四年間で約一八〇倍に増加）を超える組織に発展させたのであった。ＳＳは軍をモデルにして、小隊（Trupp）、中隊（Sturm）、大隊（Sturmbann）、連隊（Standarte）、戦区（Abschnitt）、大戦区（Oberabschnitt）という編制がとられ、三二年にはＳＳ隊員全員が着用する黒の制服が導入された。

2　ＳＳにおける「忠誠」「服従」「戦友愛」

ＳＳのモラル

一九三三年一月末にヒトラーがヒンデンブルク大統領によってドイツ国（ヴァイマル共和国）首相（Reichskanzler）に任命されて以降、ＳＳ入隊に際しての誓約の言葉は次のようなものになった。「わたくしは、ナチ党総統にしてドイツ国首相のアードルフ・ヒトラー閣下に忠誠と勇猛を誓います。わたくしは死ぬまで閣下および閣下の指定される上司に対して服従を誓います。神かけて！」[*12]。ＳＳの了解する《忠誠》は、特定の抽象的理念（たとえば個人主義とかデモクラシー）へのそれでもなければ、かかる理念を体現した制度への義務感でもなく、唯一の繋留点をアードルフ・ヒトラーに有していた。かくのごとくＳＳの構成原理といえる忠誠は、また同時に、異議を申し立てない無条件の服従と結合されていた。

一九三一年四月、ベルリンの突撃隊グループがヴァルター・シュテンネスを中心にナチ党指導部に対する異議申し立てをおこなったとき、逆にこの突撃隊「反乱」へのパージ行動でもって応え、名をあげたベルリンＳＳに対しヒトラーは「ＳＳ兵士諸君！　諸君の名誉は忠誠である」というモットーを与えた[*13]。この時以降、《忠誠》は、他の社会成員からＳＳ隊員を区別する名誉規範 Ehrenkodex になったのである。《忠誠》と《名誉》との結合は、忠誠をおかせばその不忠の者は、おのれの名誉を失うというかたちで、全人格をヒトラーへの忠誠関係に担保させることになった。ＳＳの構成原理たる忠誠は、このように党総統に対する全人格的な忠誠を意味したのである。

ＳＳにおける善悪のモラル概念は、「ただわがドイツ民族の要求のみが基準なのである。善はわが民族の利益になるものであり、悪とはわが民族を損なうところのものである」[*14]とされた。もとより《第三帝国》の支配権力構造において、何が民族にとって有用か、また有害かを決めるのは総統兼首相ヒトラーであったから[*15]、ヒトラー＝「ドイツ国民とその価値の代表者」という擬制をとおして、彼に対する批判・不服従は、直ちにドイツ国民とその利益に対する裏切りと解することを可能にした。

ドイツ的忠誠

ところでＳＳ隊員に要求された全人格的忠誠義務にうってつけの内容を充当し伝統的連続的観念の形で連接された要素として《ドイツ的忠誠》イデオロギーなるものを忘れてはならないであろう。それはエーレンベルクによって従士の美徳として定式化されたものである。エーレンベルクによれば、「われわれ〔ドイツ人〕を激しく、深く、しかも温かさをもってとらえる言葉として、Treue 忠誠に優るものはない。……われわれは、忠誠というものを特殊ドイツ的なものとして受けとめるように習慣づけられている」[*16]。タキトゥスの『ゲルマーニア』に始まる「合理的＝打算的、個人主義的ローマ人とは対照的に、ゲルマン人は誠実（忠実）であり、情緒的＝情熱的であり、同族に拘束されている」[*17]という図式が繰り返し援用されることによって、超歴史的な、特殊ゲルマン的な民族性として理解されるようになり、近代のドイツの諸学においても絶対化されていった脈絡にもわれわれは注意しなければならないが、エーレンベルクのいう真の特殊ドイツ的な忠誠とは、「要請も命令も俟たずに自分の利益、自分の生命さえ擲って、妻子や親族友人をも顧みず自己の Herr（ヘア、主人・主君）に従い、死んでも Herr に背かない従者の義務」[*18]に他ならない。このような忠誠は、二つの要素から成り、一つは「Herr に対する完全な献身、Herr の利益のための完全な没我、Herr の利益に役立たないような自己の生存権の放棄である。……惑星が太陽を巡り、永久に太陽に結びつけられており、惑星の送る光がすべて太陽の光（の反射）であるように……、忠実なる従者は Herr の威光によってのみ生きるのであり、それ以上のものを望まない」。特殊ドイツ的忠誠を特徴づける第二の要素としては次のような自発性があげられる。「忠誠を示すことは、個々の場合に命じられるのではなく、従臣自身の判断にゆだねられているのである。従臣は、硬直した命令によってではなく、Herr の利益にとって自分の行為が合目的的であるという確信によって導かれる。奴隷的な服従ではなく、自由な選択が忠誠の生命なのである。けだしそれは、犬の忠誠ではなく、頭をあげて悠然と歩む男子（従士）の忠誠である」。

このような、従士的片務的忠誠と自発的服従の観念を二つの柱とする特殊ドイツ的忠誠イデオロギーによって、ＳＳの「忠誠」「服従」「名誉」が、事実上シノニムとして一つのものに融合化する傾向も、すでに十分な基礎を与えられていたといえよう。

逆にエーレンベルクによって、ドイツ的なものでないとされた《契約的誠実》について、ＳＳの忠誠を一身に受けたヒトラーの考え方を如実に示す興味深い言葉がある。「誠実ということは、神・国民・民族・名誉などのような絶対的価値に対しては、またこれらの諸価値を永遠に体現している人びとに対しては、絶対的徳目でなければならない。これに対して、可変的で第二義的な諸価値への忠誠は、おのずから必然的に条件的なものであり、一定の条件のもとでは危険で非道徳的なものとなりうる。……負わされた諸義務が、いかなる条件のもとでも——たとえ最高の究極的価値が冒され、失われようとも——、文字通り遂行されねばならないという意味で、諸条約に対して素朴に厳正に頑なに固執することは、公正と健全なる正義感の名において掲げられる要求のまえに、ますます後退している[*19]」。

SSにおける忠誠と服従——ホェースの場合

「条約への誠実」に示されたかかるヒトラーのシニシズムとは対照的にSS全国指導者ヒムラーは、SS幹部に対して忠誠違反がどうなるか、恫喝とも受け取れる次のような言葉を吐いている。「日々接するSS隊員のなかで総統あるいは国 Reich に対して不誠実（これは頭の中で想像するだに罪である！）と思しきSS兵士を見つけた場合には、この兵士をSSから排除することを考慮しなければならない」、同時に「この隊員をこの世から抹殺することも考慮するつもりだ[*20]」とヒムラーは並み居るSSの将官たちに訓示している。ヒムラーのこの演説の言葉を額面通りに受け取ると、SSからの排除が同時に排除された者の死を意味するかのごとき帰結が導かれ、ＳＳの全人格的忠誠の苛酷さ厳格さが歴然と示されていると解されるであろう。[*21] しかし、苛酷な内容の指令、命令について拒否を示したという理由で、ＳＳ隊員が処刑されるようなことはまずなかった。もっとも、要求された苛酷さの欠如が、ＳＳ隊員の〈資〉質としては致命的であるという感情が隊員全体にあったから、隊員個々人は、《柔弱すぎる》のを告白するようなことは御免こうむりたいと考えていたであろう。アウシュヴィッツ収容所の所長を務め、戦後ポーランドで大量虐殺の罪を問われて裁かれ絞首刑に処せられたホェース Rudolf Hoess の次の言葉はそれを雄弁に物語っている。

「当時（ダハウで最初に強制収容所監視任務に就いた時―芝）、私はアイケ Theodor Eicke（当時のダハウ収容所所長―後述）かヒムラーのもとに赴いて、《自分は強制収容所任務には適しておりません。何となれば、自分は被拘留者たちにあまりに多くの同情を感じるからであります》とはっきり言うべきだった。しかし私は、そのための勇気を奮いおこせなかった。というのも私は自分が晒し者になるのを欲しなかったし、自分の弱さを告白したくなかったからだ。……私はすでに自ら進んで現役ＳＳに入隊したのであり、黒の制服を愛していたから、こんな形で再び制服を脱ぐ気にはとてもなれなかった。自分がＳＳ勤務には軟弱すぎると、もし告白していたら、無条件の除名か、少なくとも即座の免官が待ちかまえていただろう。私はどう考えてもそうする気にはなれなかった。……私には弱気はゆるされなかったから、収容所の人間の苦しみを無視しなければならなかった。弱気と見られぬためには、むしろ苛酷だという評判を得ようと思ったのだった」[*22]。

ここでは拘留されている犠牲者たちの苦痛を一顧だにしないで、《悲劇的な殺人者》に自己を仕立て上げていかねばならなかったという意味では、身の毛のよだつ任務を与えられた自分のほうこそ犠牲者なのだという、倒錯した感情が隠されていたともいえるが、このホェース同様、自らの柔弱さが暴露されるのを恐れ、昇進のチャンスがなくなることを虞《おそ》れるがゆえに命令を実行し続けるSS隊員も多かった[*23]。除名・追放という代価を払ってまで、忠誠義務・服従義務を疑ってみるだけの自発性を持ち合わせた隊員はほとんどいなかったのである。

反革命義勇軍と「戦友愛」

もとよりSSのヒエラルヒーには苛酷で厳格な命令服従しかなかったと考えるのも早急で、SSのリゴリズムは、特有の《戦友愛》によって補償・中和されていた。古参のSS将校にとっては、第一次世界大戦直後の反革命義勇軍での体験、フェーメ殺人（反革命義勇軍を裏切るような行為に及んだ者に対する制裁で、中世ドイツの伝統に倣ったと称する一種のリンチ殺人）、「闘争期」の街頭戦、政敵に対するテロ等を通じて、《戦友愛》を肌で感じる機会は豊富だった。ナチ党のなかでもSSの場合は、特に反革命義勇軍参加の《前歴》が尊重されていた点がまさに特徴的であるが[*24]、先に引いたホェースの回顧録は、この独特な時代現象ともいえた反革命義勇軍のありようをヴィヴィドに映し出している点で示唆するところ多い。義勇軍は「国境周辺や国内に火がつき、しかも、警察力もしくは国防軍では手におえなくなるか、さまざまな理由で、彼らが姿を見せられなかったときに、時の政府（大戦後ドイツ革命の混乱のなか政治権力を獲得した社会民主党は、政権維持のためしばしば旧軍や義勇軍に頼って革命派の攻勢を鎮圧した。反革命義勇軍 Freikorps〔フライコーア〕は革命派労働者の殺害を使命としたが、中でも鍵十字のシンボルを早くから用いて夙に有名だったロスバハ義勇軍にホェースは参加―芝）が、必要としたものだったのである。しかも政府は危険が除かれるとか、フランスから追及されるとかいう場合には、義勇軍を袖にした。……こうした義勇軍のメンバーは、世界大戦から帰って来はしたものの、もう市民的生活に糸口を見出せなくなった将校や兵士、こうしたやり方で自分の幸運を見つけようとする冒険屋、無為や公的扶助から脱出したい失業者、また、祖国愛から武器をとってはせ参じた若い熱狂的な志願兵、などからなっていた。彼らは皆、例外なしに、彼らの義勇軍の指導者の人柄に、信従を誓った。立つも倒れるも、団結は、彼にかかっていた。こうして、同族感、何ものによっても破られぬ義勇軍精神が生まれた。われわれは、時の政府からはげしく迫害をうければうけるほど、いよいよ強固に団結した。共同体のこの絆を破り、それを裏切る者に災いあれ！　政府は、表むきは義勇軍が存在していることさえも否認せざるをえなかった（ヴェルサイユ条約は、軍や軍備の削減、正規軍以外の組織禁止を厳しく規定していた―芝）ので、そうした一連の組織の中でおこる犯罪や、武器強奪、軍事機密漏洩を、追及することも非難することもできなかった。こうして、義勇軍やその後継組織の中には、古いドイツ…に範をとった…秘密裁判が生れた。一切の裏切りは死をもって罰せられた（先述のフェーメ殺人——芝）」[*25]。

　ホェースが参加したロスバハ義勇軍はバルト海沿岸地方でも部隊を展開し、町によっては女性や子供含め住民全体にボルシェヴィキの嫌疑をかけ虐殺を繰り返したが、《ここからここまでが戦線というようなものはなかった。敵はいたるところにいたのであり、敵は抹殺しなければならなかった》とホェースが断じているところにもこの反革命義勇軍の心性が炙り出されているといっても過言ではない。「私は、戦友たちの友情の中に、ふたたび一つの故郷を見出し、庇護されているのを感じた。奇妙なことに、一匹狼である私は、精神的感動の全て、心を動かすような一切のものを切り捨てずにはいられなかったのに、戦友愛にはいつも惹きつけられ、そこでは、皆の中の一人として、困苦や危険の中でも無条件に自分を捨てることができた」[*26]。

　こうしたホェースの言葉から窺えるように、戦友愛の本質は、仲間たちの人格、個人的要素に根拠づけられているものではなく、あらかじめ与えられた集団、部隊の状況、その都度の「作戦行動」によって決定づけられた共属感情なのであり、そこに属する者には否応なく感得されるものである。ホェースにとっては、かかる戦友愛につねに取り巻かれることが自らの生活形態になったのであり、最終的に《安らぎ》を見出したところがSSだったということになる。それでは、彼のこうした共属感情をSSにおいて支えていた世界観あるいは行動原則は何だったのか、さらにもう少し検討を加えたい。

3　ＳＳの行動原則

永遠の闘争

「ドイツにはこの黒い制服を見ると気分が悪くなる連中がいることを私は知っている。我々はそれを了解しているし、とりたてて多くの人から愛されようとも思っていないのである」[*27]というヒムラーの言葉をもって、ＳＳがドイツ社会に密着した存在ではなかったと即断するのは誤りであろうが、ＳＳによる法の侵害・法治国家原則無視に対するドイツ内外からの批判にヒムラーは、「真実われわれは、自らの本務を通じて、新しい法、すなわちドイツ民族の生存法の基礎を築いてきた」[*28]と応じている。この「生存法」は、人間の生存の基礎たる永遠の闘争という観念と、この闘争の人種論的解釈という二本の柱から成っていた。

まず第一の柱について見てみよう。世界を回転させている歴史の回転軸は「永遠の、それ以外のものではありえない、弱者・劣等者に対する殲滅戦」である、[*29]というＳＳの定言命題の背後には、注目に値する道徳律不要論の伝統が存在した。カント派は、人びとに現実の生活を導く普遍的合理的倫理を与えたというが、ＳＳにとってはこの倫理そのものが現実に矛盾しているのであり、現実の闘争は我と他者の永続的闘争なのである。現実が闘争を否定しうるのは、ただユートピア的均衡・調和が存在する場合だけであって、カント派の倫理は現実に適合しえないものとされる。これに対してSSの説く対抗倫理は、倫理によって否定されている現実そのものを肯定的に認める現実主義であり、自分たちを取り巻いている世界の「平和無き、闘争と緊張によって充ち満ちた現実を肯定すること」[*30]なのであった。「ありのままのこの現実を、その苛酷さ、残酷さ、苦痛とともに肯定することの中に、われわれは生の総合を見出すのであり、そこでは孤独に闘う我と敵の現実が永遠にダイナミックな、生きた高次の統一の中ですべて一つのものになる」[*31]というヴェルナー・ベスト博士（のちの秘密国家警察ナンバー・ツーで、戦時にはデンマーク総督も務めたSS幹部）の現実主義は、《何のために（Wofur）闘うか》ではなく、《いかに（Wie）闘うか》のほうが重要であるとする、第一次世界大戦敗北後のドイツの青年世代[*32]に広範に存在した、特有の能動的ニヒリズムにも接合しうるものであったといってよい。ここにおけるアポリアは、目標価値への関心を排除することによって、賛美に値する英雄的行動からそれに必要な動機づけを奪ってしまわないかということであろう。SSの場合、この《英雄的現実主義》は、人種論的実存主義・決断主義とでも呼ぶべきものに結びつけられていた。

文化原理主義

SSの世界観の第二の柱は、生物学的に決定された特定の人種の文化的優越性に対する信念だった。ＳＳにとって、文化的《上部構造》があらゆるものに先立って存在し、文化的優劣決定論が先行しなければならない、構造的次元においては、英雄的現実主義と、ナチスの政治綱領たるユダヤ人排除を筆頭とする、異質な民族に対する敵視との結合が重要であった。前者は、永遠の闘争と態度育成という契機を与え、後者は前者の対「人間」一般のコンテクストから対「人種」の文脈に移しかえたのである。[*33] 最終的に人種闘争が英雄的現実主義の目的であることを自ら覚るときに決戦の時がやってきて、ここに上述のアポリアは解消される。したがって、おのれが人種に属していることを真に自覚することが、個々人に残された課題ということになっていた。かくして、人種闘争が歴史的に現出し、客観的に現前しているという「覚識」を媒介にすることで、「他者」「異質な存在」は「敵人種」に変貌する。

「軍人らしさこそ、まさにわれらが人種から、われわれに与えられる最も根本的な、自然的な結合の力である」、「英雄はただ英雄的な人種のみから出現しうる」、「Nordisch北方人種の精神は北方人種の肉体にのみ宿りうる」、「われわれにとって……人種とは所与ではなく当為Sollenである」[*34]というヒムラーの一連のモットーも、以上のコンテクストにおいてみると、強烈な作為性が感じられるのであるが、ＳＳの人種論の特異性が最初からそのドグマティズム（教義優先）よりはプラグマティズム（実行第一）にあった点に注意すると、その意味のもつ重大性は一層大きくなるのである。ＳＳの人種論は、文字通り実践がなされてはじめて正当性をもつとされた点に、他の現実離れしたファンタスティックな諸々の人種論と異なる特徴があった。

決定的な基準は、人種論それ自体の真理価値にあったのではない。むしろ成果を生み出す実効性にあった。重要なのは、みずからが(「優秀」な)《血》を有するという肉体的生物学的事実なのではない。この事実の重要性を、それをになっている主体が確信することだったのである。かかる信念に由来する行動は、物理的人間集団を人種的《民族》に転換する決定的媒介項であった。逆にこうした努力をしなくなることこそ、人間集団が生物学的には人種であっても、それは単なる物理的人種であって、《民族》の解体が始まった徴候なのであった。

4 ヒトラーの『わが闘争』とSS

一つの決算

時代状況は、腐敗が亢進して民族の没落に至るのか、それともサヴァイヴァルの道を選びうるのか、読者に二者択一を迫る切迫したトーンが充満した書としてなかんづく想起される一冊は、いうまでもなくヒトラーの『わが闘争』であろう。日本のわたしたちの『わが闘争』の受け止め方といえば、「驚くべき独断の書」としながら「ナチズムの中核は、ヒットラアという人物の憎悪のうちにある」ときわめて単純化した小林秀雄のエッセー(一九四〇年)*35を連想する人が(年配世代を中心として）比較的多いのではなかろうか。

『わが闘争』は第三帝国が解体される一九四五年までに総計約一〇〇〇万部売れた、超ベストセラーであった。ミュンヒェン一揆後、一九二四年に反逆罪の判決を受けたヒトラーがランツベルクの要塞監獄で禁固刑に服しているときに、第一巻を書いた（秘書のルドルフ・ヘス〔アウシュヴィッツの収容所長のホェースとは別人―芝〕に口述、筆記させた）ことは周知であろう。出獄し、ナチ党を一九二五年二月に再建したヒトラーは翌二六年に第二巻を書いたが、なお公の場での演説が禁止されており、『わが闘争』の売れ行き自体もまだ芳しくなかった。ナチ党が全国的に躍進しはじめた一九二九年、両巻を一冊に合本し、売れ行きもようやく好調になったのであった。

「一つの決算」という副題をもつ『わが闘争』第一巻は、一二の章それぞれが、生誕から一九二〇年二月（三〇歳）までのヒトラーの人生の諸局面を扱っている。大枠では、自伝的構成をとっているが、自伝的叙述の部分は、むしろあまりに簡略に過ぎ、それよりははるかに分量の多い綱領的・理論的考察の部分が、間隔をおきつつ意図的に前面に出されている。「民族と人種」という表題の一一章などは、自伝の枠から全く外れているといわざるをえない。あえて呼ぶならば、（誤解を与える訳語「教養小説」よりは「人間形成小説」のほうが真義に近いドイツ語）《ビルドゥングスロマーンBildungsroman》まがいあるいはそれもどきの第一巻は内容的にも虚偽が多く、本書は一般的な自伝の意味をまるでもっていなかった。「国民社会主義＝ナチズム運動」というサブタイトルをもつ第二巻は、一九二〇年三月の党綱領宣言から二三年一一月のミュンヒェン一揆までのナチ党の歴史を跡づけている。しかしここでも主題のはずの党史そのものは重要ではなかった。第一巻同様、叙述はすぐに一般的考察に転じ、一五章中、六つの章は専ら政治綱領的理論的問題を対象としている。

以上が外的批判を中心にしたテキスト・クリティークの一端であるが、(パルタイ・プログラムではなく、むしろ)ヒトラーの政治綱領と呼ぶべきものの核心は、ソヴィエト・ロシアを征服してそこにドイツ民族・国家の永遠の繁栄を約束する大領土を獲得せんとする、レーベンスラウム(生存圏)追求政策と、社会ダーウィニズム的淘汰(優勝劣敗)に条件づけられた人種闘争が歴史の動因・基礎をなすとする人種論に立脚しての、「ユダヤ人根絶」まで見据えた類例のない人種政策にあった。のちにおそるべき形で実行されるこの二つの核心的政治目標が『わが闘争』の中ですでに垣間見えている点については、イェッケルはじめドイツその他、欧米のヒトラー研究者、また日本のナチズム史家によって何度も指摘されてきたことである。したがって、ヒトラーの世界観的基礎、またそこから導き出された政治的要求を『わが闘争』のなかにあらためて確認し詳論展開することは避け、ここでは従来ほとんど論及されてこなかった彼の「時代批判」に焦点を絞ってSSの人種論との密接な連関を見てみよう。

時代批判

『わが闘争』の中で、最大の部分を占めているといってよい「時代批判」については、全巻中最長の章をなしている第一巻第一〇章「崩壊の原因」に最も重要な「批判」モデルを見て取ることができるが、以下、その要点を記しておこう。

崩壊とは、もちろんドイツ帝国の崩壊を意味する。一八七一年にビスマルクが創設し、一九一八年一一月、兵士・労働者革命のなかでヴィルヘルム二世がオランダに逃亡して瓦解した、いわゆる「第二帝制」の社会は、ヒトラーによれば第一次世界大戦前の長期の平和な時代から病んでいて、すでにドイツ没落の多くの徴候が現れていた。際限のない工業化のために農民はプロレタリア化し、「マンモン＝財貨の神」となったゲルト Geld（お金）が人びとの思想と行動を決定的に規定（＝堕落化のはじまり）、健全たるべき国民経済の基礎に対して、国際株式会社とユダヤ金融資本によるドイツ経済の国際化が破局的に作用した（ドイツ国民のエコノミック・アニマル化）。

堕落現象の最たるものの一つは、全ての問題に対する中途半端な対応にあり、この病気は、意志と決断力を全く培わない教育によって助長された。国家も臆病で「報道・言論の自由」を廃棄できず、「邪悪な毒＝平和主義」が国民の心に植え付けられてしまった。「西欧民主主義」をドイツ民族の口に合うよう料理することに通じたリベラルな新聞の活動は、このように国民を大量毒殺し、ドイツ民族およびドイツ帝国の墓堀人夫の役割も果たしたのだという。しかし、最もおそるべき現象はドイツ国民の健康上の毒化であり、なかんずく梅毒が民族全体を蝕んでいる点にある。この病の原因は多重であるが、売春、男女結合の金権万能主義化、早婚否定の、誤った結婚観、わけても「精神生活のユダヤ化」にある。帝国の最も顕著な没落現象のひとつは文化的頽廃であり、劇場・絵画・文学など全ての芸術分野での「文化ボルシェヴィズム」（ヒトラーにとっての、キュービズムやダダイズム等を含むモダニズム、アヴァンギャルド芸術の総称概念―芝）の支配であった。

ボルシェヴィズムを精神的に準備したこの芸術的愚弄によってドイツの「偉大な過去」は冒涜され、都市もますます文化的所在地という性格を失って単なる人間の居住地に堕し、「われわれの文化の《荒廃》」（＝現代的文化）の表現として子孫たちが将来驚嘆するものもユダヤ人の百貨店のたぐいということになる（この時代に唯一汚染を受けていないのは軍だけだとしている）。

総じて近代的な意味での社会的分化、個性・知性・現代芸術・議会主義・大都市の発展は徹底して拒否されていたのである。ヒトラーの時代批判は、当時蔓延していた文化ペシミズムをある意味で極端にまでおし進めたものであった。

ドイツ帝国崩壊としての堕落

もっとも、ヒトラーにあっては「崩壊」の原因としての政治社会構造・過程上の要因自体は無きに等しい。「崩壊」の背後には悪の張本人がいる、ということになる。*36 悪魔的陰謀を進行させている輩《やから》がいるというこの奸策論では、具体的な個々人ではなく特定の集団全体が問題視される。この集団の成員とみなされれば、個（別）性は無視され、属性としての動機・目標・行動様式はどの個人においても全く同一（ただ一つのカテゴリーに属する敵）とされる。標的とされたユダヤ人の場合、あらゆる時代と場所においてユダヤ人はまったくかわらないとされ、本来無辜のユダヤ人各人が「すべての問題について責任あり」とされ、ドイツ崩壊の邪悪な病原体とされてしまう。そしてドイツの労働者を腐敗させる左翼政党、金融資本、国民経済空洞化、議会主義、自由主義新聞、平和主義、知識人も、すべてユダヤ人の世界陰謀の道具・手段となってしまうのである。ヒトラーの時代批判の章は、ドイツ没落の徴候を明示する中で民族の実存を賭けた「あれかこれか」の選択を迫るものになっているが、これにまたその次の第一一章「民族と人種」の善悪二元闘争史観も照応するものであった。

マニ教的二項対立史観

歴史は、文化創造人種アーリア人（善）と文化破壊人種ユダヤ人（悪）との闘争とされる。過去の偉大な文化も、創造的人種が血をだめにすることによって滅亡した。したがって文化の保持のためには、それを創造した人種が維持されねばならないとされる。他方で、（民族）共同体のために自分の生命をも犠牲にできるのが優等種、それができないのが劣等種とされる段になってくると、支離滅裂というほかはないが、国民の肉体の病は、自然に反する思想と行動（民族精神の売春化＝ユダヤ化）

の結果であり、自然の法則＝人種の優勝劣敗に則ってはじめて社会は治癒回復可能としている点、さらに梅毒に象徴される悪性疾患にかかった個人＝社会（民族体）（ここには個々人の身体と社会の同一化がみられる）は、その汚染源＝悪の張本人を根絶することによってのみ救われるとしている点等、単なる修辞的宣伝とのみ片づけられない考え方を『わが闘争』は内包していたといえよう。[*37]

「われわれを殺そうとしたユダヤ人を殺すことこそ、民族の責務であり、道徳的権利である」[*38]というSS全国指導者ヒムラーの戦中の言葉も上の脈絡において解される必要があろう。彼は、過去の人種論者が、ただ教義を説くだけで満足している点を批判し、その課題の実践を繰り返し強調した。[*39]しかし肉体的特質が、性格・精神の構成にかかわっているということは、どのようにしても証明できなかったから、優秀人種 Übermensch として鍛え訓練し、優秀人種になることを信じ、たえず優秀人種に成りうるかどうかチェックすることが最高の保証なのであった。SSの論理では、これは事が成就達成しえたのちにはじめて確定できることだった。組織内の緊張や摩擦をつねに解消できなかったSSも、「人間性」「人類」を斥け「人種」を最高位に据える世界観のレベルでは凝集力をもち、社会的実効性を有していた。

世界観にかかわる命令に服従の義務は一切ない一般市民とは対照的に、SS兵士にとって「忠誠」を最高の徳目にしたことは、こうした命令を自発的に実行するのを保証しうる基礎をつくりだすことになった。こうしてSSは、治安機能を有する政治的・軍事的組織というにとどまらず、ファナティックな人種イデオロギーを核とする戦闘的な戦士共同体になったのである。

「われわれはこうして戦列に加わり、北方人種の血によって決定づけられた男子国民社会主義兵団として、またその同族からなる誓約共同体として、不変の法にしたがい遠い未来に向かって行進している。われわれの願望と信条は、これまでよりよく戦ってきた者たちの末裔に連なるということにあるだけではない。それ以上にドイツ・ゲルマン民族の永遠の生にとっての精華となる後代の者たちの開祖ともなることにある」[*40]。

これは「反ボルシェヴィズム闘争組織としてのＳＳ」と題するヒムラーの演説の一節である。ＳＳ兵団原理の核心が表現されていたといっても過言ではなかろう。

5 武装ＳＳの成立

ＳＳ武装部隊の発展

ＳＳは隊員数を一九三三年末には二〇万人にまで増やし、のみならず重要な執行機能をになうに到った。三三年四月一日ヒムラーはバイエルン政治警察長官に任命され、三三年から三四年にかけての冬にはドイツのほぼ全てのラント（州）の政治警察の長に就いた。最後に（三四年四月二〇日）、ヒムラーはドイツの三分の二を占める最大州プロイセンの政治警察たる秘密国家警察

(Geheimestaatspolize i略称 Gestapo、邦語の通称はゲシュタポだが、略称の正しい発音はゲスターポ。以下ではこのゲスターポを使用)を引き継ぐことに成功した。同時にSS保安部長のハイドリヒがゲスターポ本部(Geheimestaatspolizeiamt 略称 Gestapa ゲスターパ)の長に就任した。三三年四月に創設されたゲスターポは、その一年後には警察組織および国内行政から完全に分離され、国家機構の独立した部局になっていた。この事実が親衛隊権力の拡大にとっては決定的であった[*41]。

かかる政治警察の掌握に加え、SSは第三帝国の最初の数ヵ月間で、独立した武装部隊を発展させる重要な機を掴んだ。一九三三年三月一七日、一二〇人から成る特別衛兵隊がヒトラー個人を護衛するために創設され、ヒトラーはヨーゼフ・ディートリヒ(通称ゼップ・ディートリヒ)SS中将を司令官に任命した。ディートリヒは、一八九二年オーバーバイエルン・ハーヴァンゲン生れで、一七歳まで農業労働者として働き、その後ホテル勤めをしながら、オーストリア、イタリア、スイス、オランダを遍歴、一九一一年バイエルン軍に志願入隊し、第一次世界大戦にも出征した。大戦後、退役軍曹として陸軍を離れ、ドイツ革命後はバイエルンの有名な反革命義勇軍「オーバーラント」に加わって活躍、その後バイエルン警察に短期勤務後、一九二三年一一月のミュンヒェン一揆に参加した。一九二八年にはSSの全国組織設立にかかわり、ヒトラーの遊説のほとんどに随行、ナチスが大躍進した一九三〇年九月の国会選挙ではナチ党一〇七名の国会議員の一人に選出された。翌年にはSS中将に昇進するという多彩な経歴の持ち主であった。ヒトラーは「狡猾、容赦のなさ、何物にも動じぬ頑強さ」を絶妙に合わせもつこの人物を大いに買っていた。[*42]

ＳＳ特務部隊

ディートリヒ指揮下のこの特別衛兵隊は、やがて五中隊に増強されベルリン・リヒターフェルデの旧陸軍士官学校兵舎に宿営するようになり、ポツダムの陸軍第九歩兵連隊の訓練を受けた。当面の任務は首相官邸警護であったが、一九三三年九月、ヒトラーの政権掌握後では初めての全国ナチ党大会（於ニュルンベルク）では「アードルフ・ヒトラー親衛連隊 Leibstandarte Adolf Hitler（略称ＬＡＨ）」という新しい組織名を獲得、同年ミュンヒェン一揆一〇周年の一一月九日には、ヒトラー個人への忠誠宣誓をおこなった。この部隊は、軍にも警察にも下属せず、しかも国法上の地位は不明確なままであって、ヒトラーの私兵組織としかいいようのない存在であったが、内務省（新内務大臣はナチ党のフリック）から予算が捻出されたのは注目される点である。[*43]

首都のベルリンでは、このような新部隊が編成されたのだが、いくつかのＳＳ「大戦区」では「治安予備隊 Politische Bereitschaften」という名のやはり新組織が一九三三年春に、左翼の内乱準備を粉砕するという名目で作られた。特に大都市の補助警察（なかんずくプロイセン警察では三三年二月ゲーリング内相の指令で、ナチのＳＳ・ＳＡ・鉄兜団《てつかぶとだん》合わせて五万人を補助警察 Hilfspolizei として採用）の特別コマンド（行動隊）として、その武装が正当化されたのだった。

以上二つの組織は、ヒムラーおよびハイドリヒの指揮する、ゲスターポならびにSS保安局とともに軍の武器支援を受けて一九三四年六月三〇日、はじめての大がかりな軍事行動を展開した。SA（ナチ突撃隊）幕僚長レームはじめSA幹部を粛清した世に言う「レーム事件」である。六月末日未明から七月二日夜までまる三日間、ミュンヒェン、ベルリン、オーバーシュレージエン・ブレスラウ（現ポーランド・ブロツワフ）を中心にSA幹部その他政敵とみなした人物に対して敢行した電撃的テロ攻勢においてこれらSSの部隊は、ヒトラーの単なる護衛組織などではなく、彼の容赦なき意志の執行者でもあることを遺憾なく示したのであった。[*44]

SSとSA

既述したように、当初ヒトラーおよびナチ党要人の身辺警護にあたっていたSSは、一九三〇年代以降のナチ党の大衆化、組織膨張に対応すべく、党内の秩序維持において中心的な機能を果たすようになっていた。特にSAの二度の党内反乱、一九三〇年秋と三一年春のベルリン突撃隊の「反乱」、東部SA指導者ヴァルター・シュテンネスの異議申し立てをおさえつけてからのSSは、党「警察」のイメージをナチの党員や分肢組織隊員に拭いがたく印象づけることになった。いまひとつ注目すべきこととして、SSがヴァイマル共和国末期すでに準軍事組織として国境防衛団活動に参加していたことがあげられよう。第一次世界大戦後ヴェルサイユ条約で著しく制限されたドイツの軍備、とりわけ人的軍備（兵器資材軍備と並行して進められた兵員軍備）の面で、軍の秘密再軍備政策（第一次世界大戦で敗北した後、ドイツは軍備制限を受けていた）[*45]をカモフラージュするためのものだったこの国境防衛団活動に、ＳＡともどもＳＳも参加していたのであった。組織の形の上でＳＳはＳＡの一部を構成しており、この活動においてもＳＳがＳＡから自立しようとする志向は顕著であったが、軍の方はＳＡの指導下での参加という条件をつけており、ＳＳ独自の協力を認めていなかった。

ＳＡの隘路

一九三三年一月三〇日のヒトラーの政権掌握は、ナチ党がヴァイマル共和国における体制外政党から、権威主義的新国家においていかにして体制内化するのか、という大問題にナチズム運動全体を急直面させることになった。国家機構内部への浸透・同化等をめぐってナチ党政治組織・各種分肢組織・関連団体の組織的力量が問われることになったのである。ヒトラーの政権掌握に際しては、大統領ヒンデンブルクによる共和国首相へのヒトラーの指名、それを促した反動派政治家パーペンや経済界の役割が決定的であったが、ＳＡもそれまでの選挙闘争においてはナチ大衆運動の中核として重要な役割を演じていた。政権掌握後も、左翼政党・労働組合の解体、ナチ党以外が支配する各州地方政権・社会諸団体の強制的同質化（＝ナチ化、グライヒシャルトゥング）を強行していく上でＳＡは不可欠の存在だった。ところが、かかる強制的同質化の過程がひととおり終了しても「ナチ革命は終わっていない」とさらに第三帝国の中での新しい役割要求、とりわけ国防軍にかわる新国民軍としての地位要求を党総統でかつSA総司令官でもあるヒトラーに対して突きつけたとき、SA幕僚長のレームと三〇〇万人を超えつつあった隊組織は袋小路に陥ったといってよい。第一次世界大戦敗北後の再軍備政策の脈絡において軍を最優先する以外考えられなかったヒトラーに逆に、レームをはじめとするSA幹部の粛清を決意させることになったのである。かくのごとくレーム・グループによって国民軍化が構想されることで、軍への対抗運動とみなされ重大な試練にさらされたSAは、ついに三四年の「レーム事件」を通じて幹部粛清の運命に見舞われることになった。以後武装組織としては骨抜きにされ、軍備政策から決定的に排除されたことはその後の第三帝国史が示すところである。ヒトラーは「レーム事件」の際、軍の連絡将校に対して「今や事態は明確になった。軍は唯一の武器独占者である。いかなる人間（兵士）といえども、SAであろうとなかろうと、これからは軍の意向のままになる。国防軍が指す全てのドイツ人が国防軍に帰属する。私は国防軍と国防相にはいつも全幅の信頼をおいている」と述べたという。[*46] ただ、他方でヒトラーは、《レーム粛清は党内問題である》とも軍連絡将校に述べており、さらに「アードルフ・ヒトラー親衛連隊LAH」司令官ディートリヒに対しては、このSS武装部隊を「軍と並ぶ近代的な武装部隊にする」と約束したというのである。事実とすれば、これはヒトラーがこの事件以降、軍の武器独占の原則を守るつもりがなくなったことを示す言葉ではないだろうか。

SS武装化の端緒

当時軍の利害を代表していた国防相ヴェルナー・フォン・ブロンベルクは「レーム事件」直後の一九三四年七月五日、SSについて一個師団規模の装備を承認したことを軍司令官たちに報告している。陸軍最高司令官ヴェルナー・フォン・フリッチュのように、SS武装部隊の出現を、軍の武装独占が破壊される兆候とみなして、危惧の念をあからさまに表明する将官も存在したが、軍の反応は、概して深刻な受け止め方ではなかった。しかもナチ党内のラディカルな反国防軍分子とヒトラーとを区別するという点では、フリッチュと他の軍指導者たちとの間にさしたる相違はみられなかった。一ヵ月半後の三四年八月二〇日、ヒトラーは《現在も将来も国防軍がドイツ国家の唯一の武装の担い手である》とあらためて軍指導部に約束した。かかる保証は、軍に対するヒトラーのかわらぬ信頼をあらわすものであるとされ、SSの武装化が例外的な現象であることを強調するものであった。

これに対応して国防大臣ブロンベルクは、九月二四日、三軍司令官たちへの指令のなかで、「SSはナチ党の政治組織であり、武装も軍隊編制・軍事訓練も不必要なのだが、ヒトラー総統の意図は、SSに対して内政上特別の任務を与えることにあり、武装特務部隊（bewaffnete Verfügungstruppe以下では通称で略称のSS-VTを使用―芝）三連隊および一通信隊を認める必要がある」と訓示した。また、この指令は、戦時を迎えれば部隊が国防相の決定にしたがって陸軍に編入されること、その時点で師団編制をとり、補充ももっぱら軍規によっておこなわれること、と規定していた。指令は、ＳＳのもとでのＳＳ-ＶＴの師団規模編制を認めていなかったが、ＳＳ-ＶＴ服務を兵役と同等扱いすることで、実質的にはこの部隊の「常備（軍）」化をも承認したのだった。[*47]

ＳＳ-ＶＴの編制・訓練は、こうしたなか軍の援助・協力も得て、ベルリン、ミュンヒェン、ハンブルクで進められていった。同時にＳＳの「将校」養成にも本腰が入れられるようになっていった。一九三四年一〇月にはバイエルンのバート・トェルツにＳＳ士官学校が創設され、翌年はじめにはブラウンシュヴァイクにＳＳ第二士官学校が開校した。

強制収容所とＳＳ監視部隊

以上のようなＳＳ武装部隊の生成とパラレルに「レーム事件」以降ＳＳ内部では目立たぬ形でさらにいまひとつの組織の武装化が進んでいった。強制収容所（Konzentrationslager 以下略称で通称のＫＺを使用）監視部隊の武装化の進捗である。この部隊の司令官はテーオドーア・アイケで、レーム事件に際してはレームを自らの手で殺害した人物であった。事件前レームはヒトラーに命じられバート・ヴィースゼーという保養地にＳＡ幹部を集めて逗留していたが、三四年六月三〇日早朝かつての盟友ヒトラー自身に寝込みを襲われた。「反逆罪で貴様を逮捕する」と喚《わめ》くヒトラーが、なぜ自分の身柄を拘束してミュンヒェン郊外シュターデルハイム刑務所第四七四房に拘引したのかさえはかりかねたまま、レームは翌七月一日の午後を迎えていたとき三人の「客」の突然の房「訪問」を受けた。

三人はいずれもＳＳ将校でリーダー格がアイケだった。当時ミュンヒェン北西ダハウの強制収容所所長をつとめていたアイケは、七月一日ベルリンのヒトラーから「レームを処刑せよ」という命令を受け取った。まずピストルをレームに渡して「自裁」を勧め、レームが承知しなければ直ちに射殺せよという指令だった。ついに事態を覚ったレームは「ヒトラー自らが来て撃てばよい」と自裁を拒否、アイケは容赦なくレームを殺害した。これこそがアイケのキャリアにおけるターニング・ポイントになったといってよく、レーム射殺の四日後に彼は全国強制収容所総監に任ぜられた。これはドイツ国内に当時続々生まれつつあったＫＺ全体に睨みを利かすポストであったが、さらにアイケは、ＳＳ警衛隊と称する、ＫＺ監視を任務としながら武器を使っての本格的な訓練もおこなう、新たなＳＳ武装組織の司令官に任命された。

アイケはヨーゼフ・ディートリヒと同じ一八九二年のアルザス・アンボン生まれで、一九一九〜二三年ドイツ各地の警察に勤めては反共和国の態度を露骨に示して免職させられるという行動パターンを繰り返した。その後は当時世界最大の化学コンツェルン、イー・ゲー・ファルベン社に対産業スパイ専門保安要員として勤務、一九二八年一二月にはナチ入党を果たした。ところがナチ党内部でもトラブル・メーカーだったようで、ライン＝プファルツ党大管区指導者で国会議員のビュルケルとこの地域のＳＡ・ＳＳの管理をめぐってひと騒動引き起こしている。アイケは三〇年八月まではＳＡに籍をおいていたが、レーム元陸軍大尉が、軍事顧問をつとめていたボリヴィアから帰還し、ヒトラーの懇請を受けてSA幕僚長に就いたときにはアイケはすでにSSに移籍していた。一九三二年三月には大統領選挙のため現職ヒンデンブルク大統領に対抗してヒトラーが出馬、ナチ党内は選挙運動が過熱化していたが、よりにもよってその時にアイケは政治的敵暗殺準備（実は他のナチ党メンバーに対する爆殺謀議）の廉で逮捕され、七月に懲役二年の判決を受けた。ところが当時のバイエルン法相フランツ・ギュルトナーが介入、「健康上の理由」でアイケは仮釈放されている。ギュルトナーは一九二三年一一月のミュンヒェン一揆挫折後、ランツベルク刑務所に収監されていたヒトラーの早期釈放について大きな役割を演じた人物である。ヴァイマル共和国時代一貫してナチズム運動に対して法的な側面援助をおこない、三三年ヒトラーが政権を握ると、今度はベルリン中央政府の法務大臣として入閣した。[*48] 釈放後挑発的な活動を再開したアイケにヒムラーさえ手を焼き、秘かにイタリアへ出国させたが、新政権法相ギュルトナーは恩赦措置をアイケに対して施した。三三年三月ドイツに舞い戻ってきたアイケは、自分に忠実なSS隊員を動員してまたもや党幹部ビュルケルに対する「反乱」を企て、ビュルケルを監禁するにおよんだ。怒ったビュルケルはアイケを「保安処分」を要する要注意人物として告訴、強制的に精神鑑定を受けさせた上でヴュルツブルクの精神病院に閉じ込めた。ヒムラーもSSの組織からアイケの名をいったん抹消し、アイケの無期限の施設拘束にも同意した。しかしアイケはこの施設で知り合った医師ヴェルナー・ハイデ博士のはからいで精神病院から出ることができた。ハイデは、アイケが「全く正常」で行動も「穏やか」であるとヒムラーに書簡を送っている。

ハイデとアイケの懇請に遭ってヒムラーはＳＳへのアイケの復隊を承認した。六月にヴュルツブルクの精神病院から解放されたアイケの新任務が三三年三月ダハウに創設されていた強制収容所の管理だったのである。ちなみにハイデは、その後アイケの勧めでナチ党およびＳＳに入り、戦争が始まると、ヒトラーの「安楽死」命令を受けてドイツの精神障害者に対する組織的殺害の計画実行に携わった。*49

ＳＳ髑髏部隊の成立

アイケがＳＡ時代には自分の上司であったレームを三四年七月一日ヒトラーの命令によって殺害した経緯については既に述べたとおりであるが、このアイケの指導下、「ＳＳ警衛隊」（三三年の強制収容所〔ＫＺ〕設置に伴い、一般ＳＳから選抜されてＫＺの被収容者・囚人を監視する任務をおび、銃を携行した部隊）はＫＺ監視という新しい警察任務を根拠に武装編制を進めていった。

組織がナチ党員大衆の面前に公然と登場したのは、ＳＳ-ＶＴに遅れること二年、三五年九月のニュルンベルク党大会の場であった。その半年前には「髑髏部隊Totenkopfverbände」（以下通称で略称のＳＳ-ＴＶを使用）と命名され、ＳＳ武装部隊の重要な一翼を構成したこの収容所監視部隊は、六個大隊編制をとって六つのＫＺ管区に一大隊ずつ配置された。ＳＳ-ＴＶは、ＳＳのなかでも最も目立たないＫＺ監視部隊として出発したが、ヒムラーに最も忠実で、信頼できるエリート部隊である点を強調し、それを誇るようになった。「誠実は血の問題である」[*50]とした責任者アイケは、人種の差異をこえて普遍的倫理を唱道するキリスト教を極端に嫌悪した。ＳＳ-ＴＶ「兵士」（隊員）の禁欲と自己否定のエートスは、羊のように無抵抗の敵でも必要ならば滅ぼし抑圧し辱めなければならないとしながら、殺人者、破廉恥漢のような態度をあらわにしてはならないというもので、残虐な行為を加える場合でも、サディスティックな快楽を味わうことは厳禁するというものであった。被拘留者に対する態度に、罪責感、共感、愛憎の念、慈悲、復讐の感情があらわれてはならないとしたのである。「われわれは廉直さ、清潔さ、苛酷さ、厳格さによって大きくなってきた」「われわれは、規律によって動くのではなく、われわれの世界観に対するファナティシズム（狂信）によって働いているのだ」[*51]というアイケの訓示は、ＳＳ-ＴＶの結合の契機が、理論的教養や倫理などにはなく、むしろ特有のメンタリティーにあったことを証示している。

三八年八月のヒトラーの秘密指令

三六年三月ヒムラーに対してアイケは、一八〇〇名から三五〇〇名への「兵士」増員を報告しているが、一ヵ月後ヒムラーは「ＳＳ髑髏部隊」SS-Totenkopfverbände という部隊名を収容所監視部隊名として公式に確認した。[*52]三七年九月にはダハウ収容所駐屯の第一髑髏部隊「オーバーバイエルン」、ザクセンハウゼン収容所駐屯の第二髑髏部隊「ブランデンブルク」、ヴァイマル近郊ブーヘンヴァルト収容所駐屯の第三髑髏部隊「テューリンゲン」という三つの連隊編制をとり、さらに三八年三月のオーストリア併合後には、新設立マウトハウゼン収容所駐屯の第四連隊としての「オストマルク」も加えて、独自の永続的な軍隊性をおびるようになっていく。三八年はSS武装部隊の発展にとって決定的な飛躍的年になったといいえよう。「兵員補充の帝王」とものちに呼ばれるにいたるベルガーの登場、かれによるSS隊員補充システムの再編成によるところが大きかったのであるが、さらにヒトラーがこの年の八月一七日出した秘密指令[*53]もきわめて大きな影響を及ぼすことになった。

第二次世界大戦後のニュルンベルク裁判にも重要な証拠として採用されたこの指令の意義は主として次の四点に要約しうる。まず第一に、軍に承認されていなかった親衛隊士官学校のみならず髑髏部隊（SS-TV）の武装編制がヒトラーによって認められたことである。特務部隊（SS-VT）のみ認められていた制約段階を、SSの武装化は突破したともいいうる一歩であった。第二に、戦時の警察部隊増強についてはこれまで軍も認めていたが、これに髑髏部隊増強の接続が認められたことである。拡大すれば、戦争突入の場合このことによって逆に志願警察官をSS武装部隊としての髑髏部隊に編入するルートが開けたとさえ解せなくはなかったが、戦時に「警察的性格の特別任務を遂行する」ためという限定つきながら、後方地域「保安」という名の後の占領地での大量虐殺をも視野に入れれば意味深長にその役割を表現していたといいえよう。第三に、SS武装部隊の充員問題の裁可をヒトラーが行うことが指令で確認されたことである。ヒトラーがこの年二月国防相のブロンベルクを解任し、彼にかわって自ら三軍を直接統括するにいたったことは、こういうところでも著しい効果をあらわすことになったといえる。第四に、SS武装部隊が「戦時軍の枠内での動員利用」によって内政向け治安部隊というにとどまらず外征部隊としての性格も獲得したことである。すでにSS–VTはオーストリア進駐に参加していたのであるが、指令によって完全に「合法化」されることになったのである。

対ポーランド進撃におけるSS武装部隊

一九三九年五月一八日、ヒトラーによって新たに指令が発せられ、SS–VTに対し師団編制が認められ、同時にこの新師団については「最終目標数値」として二万人を上限とすること、またSS–TVについても一万四〇〇〇人、「増強警察部隊」についても二万五〇〇〇人を上限として、軍事組織としての正式認知がなされた。この枠内であったが、ヒムラーには平時規模を上回る動員を指令する権限も与えられ、給養組織については実質的に枠が嵌められておらず、その意味ではSSにとって「抜け道」が存在した。そして一九三九年対ポーランド戦を皮切りに突入した大戦が第三帝国ドイツにとって予想外に長期化したことが、結果的にはSSに軍事的翼拡張の新たな可能性を与えたのであった。

対ポーランド侵略開始時点でSSの軍事的翼に要請された基本的課題は、軍とともに出征し、前線で自己を犠牲にするのを厭わない決意・覚悟のほどを軍に対してデモンストレートすることにあったと思われる。組織の威信を保つためには、SSの戦線部隊行動を通じて一種の《舞台度胸》を示すことが必要だったのであろう。ポーランド戦後ヒムラーがこの戦役におけるSS-VTの損失を八％とし、軍の平均損害率二・九％に比してSSの犠牲の大きさを強調した[*54]のは、これを裏づけているようにみえる。陸軍最高司令部の将官たちは、この犠牲の高率の理由を、戦闘に投入できるだけの十分な訓練を受けていないSS、なかんずくSS将校たちの未熟さに帰した。SSの側では、SS-VTが各個ばらばらに陸軍部隊に配属され、陸軍指揮官の命令の下で適切な掩護もなく、あまりにも頻繁に、困難な任務を与えられたことに根拠を求めた。軍のほうでは、この高率の損害をSS独自の軍事翼形成が不可であることのしるしにしようとしたのに対し、SSの方ではSS将校の全面的な指揮下にSS部隊を配した編制を要求するための手掛かりにしようとしたのであった。開戦前の八月一九日には「戦時動員の場合、陸軍編入予定のSS-VT各野戦部隊」は「直ちに陸軍最高司令官の指揮下に入るように」というヒトラーの命令が発せられていたが、計五個軍が参加した対ポーランド戦では、SS-VTもSS-TVも連隊あるいは大隊編制で陸軍諸部隊に配属された。ポーランド戦後ヒトラーが出した結論は、SS武装部隊の師団規模での野戦編制を認め、また依然これに対する陸軍最高司令部の指令権限を承認するというものであった。

武装親衛隊の発足

対ポーランド戦に続く対仏作戦の準備過程でヒトラーは、ＳＳ武装部隊の編制を三個野戦師団と一連隊の規模まで認め、ヒムラーは前述の三八年八月、三九年五月の二つの総統指令を引き合いに出しながら、ＳＳ-ＴＶの増強と師団への改編、さらに警察師団の創設を進め、一九三九年一一月末には、三個師団、一四ＴＶ、二ＳＳ士官学校から構成された武装親衛隊（Waffen-SS、以下武装ＳＳという略称を本書では使用）を公然と登場させた。ヴァッフェン・エスエスという言葉が、ＳＳの諸武装部隊の包括的な組織概念としてはじめて文書に出てくるのは、一九三九年の一〇月二九日のＳＳ命令であり、以後この名称が一般化されていくことになる。ヴェークナーの包括的武装ＳＳ研究では、一一月七日という日付があげられているが、資料的にはほんの少し早く遡及できるということである。[*55]

ヒムラーはＳＳの他のさまざまな任務あるいは課題に目を配りつつも世界観的な分野と武装ＳＳにとりわけ自らの中心的な関心を振り向けていたことは、ベルリンの壁崩壊後とみに注目されるようになった彼の勤務日誌を一瞥すれば、明瞭になる。さらにユダヤ人絶滅政策と武装ＳＳの関係について見ていく場合、戦争が始まったあとにつくられた武装ＳＳの中のいくつかの組織に新たな光をあてる必要があることも、ヒムラーの勤務日誌を丁寧に辿っていけば、明らかになってくるのである。

SS全国指導者司令幕僚部とSS騎兵連隊

すでに触れた髑髏部隊（SS-TV）においてはポーランド占領を経る中で一九四〇年春までに新たに増強編制された部隊中、第八、第一二、第一五連隊がワルシャワ、クラカウ、ブロンベルク、ラドム、ルブリン、ポーゼン、リッツマンシュタット、プロック、アレンブルクに配備される。ポーランドに暫定的に駐屯したこれら部隊は訓練と並行して占領軍部隊としても機能し始めるのである。[*56] この中から一九四一年親衛隊全国指導者司令幕僚部（Kommandostab Reichsführer-SS）が形成され、この新組織には第五、第八髑髏騎兵連隊も所属し、加えて対ソ攻撃を控えて第四、第八連隊もポーランドに移動配備される。

1 **フェーゲライン**（中央の人物，左はエーファ・ブラウン Joachim Fest・Bernd Eichinger, *Der Untergang*, Berlin 2002）

これら騎兵部隊の核は、ミュンヒェン郊外リームのSS中央騎馬学校卒の将校たちで校長はヘルマン・フェーゲラインであった。この人物は、第二次世界大戦終了直後からトレヴァー＝ローパーの『ヒトラー最期の日』を通じて、終戦間際ヒトラーの「ピエロ」的側近を務めた人間として知られてきた。

ヒトラーの自殺前日妻となるエーファー・ブラウンの妹の夫にまでおさまりながら、総統地下壕から離れたヒムラーの代理としてヒトラーの側に残っていたが、最後の最後になって連合国とのヒムラーの秘密の和平交渉が発覚、激怒したヒトラーによってヒムラーの身代わり「役」として処刑された人物である。ヨアヒム・フェストの最近作『滅亡』（邦訳タイトル『ヒトラー 最後の十二日間』）*57では悲劇的人物の側面が色濃く強調されてさえいるといってもよい。しかし彼の経歴をいま一度辿りなおしてみれば、ホロコーストとの重大な関わり方が浮かび上がってくるのである。*58

フェーゲラインは一九〇六年アンスバハ生まれ、アビトゥア取得後ミュンヒェン大学で国家学を学んだが数学期で中退。第一次世界大戦には少尉として出征、戦後は一九二七年バイエルン邦警察幹部候補生になりながら一九二九年幹部試験問題を納めた上司の部屋に侵入した廉で除籍となり、父親の乗馬学校で働いていた一九三〇年八月ナチ党に入党、一九三三年には「三月の投降者」（バスに乗り遅れまいとした志願者）として一般SS組織に入隊、それからの昇進は早かった。騎馬小隊を指揮していたフェーゲラインは一九三六年にはSS騎馬学校校長に就任、ヴァルデマールら兄弟とも乗馬スポーツを普及させ、しかもこの馬術面で国防軍にひけをとらず、ヨーロッパにおける馬術コンテストの花形としてSSの別の広告塔になっていった。戦争の足音が近づいてきた一九三八年再三ヒムラーに対しフェーゲラインはSS全国指導者（ヒムラー）幕僚部へのこの花形部隊の編入を嘆願している。いざ動員となれば国防軍にSS騎馬部隊がもろに組みこまれてしまうのではないかという危惧からの彼の願いをヒムラーは、それは杞憂と一蹴したが、髑髏部隊へ下属させた形での戦時部隊利用をヒムラーは展望しており、中央騎馬学校は対ポーランド戦開始二週間後の一九三九年九月一四日公式に増強髑髏部隊への編制替えの命令を出した。しかしフェーゲラインは実質独立部隊編制を志向していた。設立後一週間で一般SSの騎馬連隊から兵員が補充され、ベルリンに集合し武装SS「ヒトラー親衛旗」から制服を支給され、九月二二日四騎兵中隊編制四五一名がポーランドに向けて出発した。

ポーランドであらためて再編され、ウーチ地区には元の第一、第四からなる第一SS騎兵中隊、ポーゼン地区には元の第二、第三からなる第二SS騎兵中隊が駐屯した。これら部隊は名目上は秩序警察下に組み入れられたが、部隊出撃と同時に警察増強部隊として用いられるようになった。一九三九年一一月半ばにはヒムラー命令で、一三の騎兵中隊に兵員を増強した「SS髑髏騎兵連隊」が形成された。個々の中隊はポーランド総督領下、ワルシャワ、クラカウ、ルブリン、ラドム、キエルチェ、タルノフ、ヘウム、ザモシチ、ガルヴォリン、セロチンに宿営し、新国家大管区ヴァルテラントに編入されたウーチの北ルクミエシュには騎兵部隊養成下士官学校も設立された。騎兵連隊は編制上もはや秩序警察に属さず、新たな武装SSに属することになったのであった。兵員は、やがてSS主管本部（長官ベルガー）下のSS髑髏連隊査察監に属し、総督府のSS警察高権指導者が地域部隊指揮権をになうことになった。

ワルシャワで騎兵たちが最初におこなった部隊活動は略奪であり、当地のSS経済部に持ち込まれた贅沢品は一二〇〇〇ライヒスマルクに相当した。ポーランドでのこうした暴力と腐敗は、ベルリン中央が問題とするところとなり、ゲスターポはミュンヒェンの中央騎馬学校を家宅捜索したところ略奪品の巨大な山を発見したが、腐敗の首魁ともいうべきフェーゲラインはすでにヒムラーの手厚い保護を受けていた。

一九四〇年五月には第二SS髑髏騎兵連隊の編制が開始されたが、一九四〇年一一月半ばには、一年前に形成されたSS髑髏騎兵連隊とともに武装SSの司令下におかれ、四一年三月には、SS騎兵連隊第一、第二となった。この騎兵たちが、ユダヤ人に対する社会的排除・テロ、強制労働、ゲットー化、さらには東部への強制移送、大量虐殺に手を染めていくことになる。

第2章
反ユダヤ主義世界観とその実践

Preis 30 Pfennig

Ritualmord-Nummer

Der Stürmer

Deutsches Wochenblatt zum Kampfe um die Wahrheit

HERAUSGEBER: JULIUS STREICHER

Sonder-Nummer 1 | Nürnberg, im Mai 1934 | 12. Jahr 1934

Jüdischer Mordplan

gegen die nichtjüdische Menschheit aufgedeckt

Das Mördervolk

Judenopfer

Durch die Jahrtausende vergoß der Jud, geheimem Ritus folgend, Menschenblut
Der Teufel sitzt uns heute noch im Nacken, es liegt an Euch die Teufelsbrut zu packen

Die Juden sind unser Unglück!

〈扉写真〉
ユダヤ人を中傷する『シュテルマー』の特集記事（1934年5月「ユダヤ人による非ユダヤ人殺害計画とは」）

1　ナチズムとユダヤ人

ニュンベルク人種法

それでは親衛隊の世界観とその教育でめざしたものは一体何だったのであろうか。「ユダヤ人問題の最終解決」達成に決定的な責任をもっていたSS、警察、武装SS等の執行勢力に対しその職務・訓練の枠内でイデオロギーを教化注入するナチ体制の努力については、従来ともすれば、無内容な言葉の連射、フレーズの空疎な器、武装訓練と比較すれば漫然としていてもよい機会とイメージされがちであった。現代史のこの重要な側面について、歴史研究は、ゲッベルス主管の国民啓蒙宣伝省等ナチ国家サイドのプロパガンダの主要な幹ないしナチ党宣伝機構のパイプを除けば具体的な反ユダヤ主義の煽動のありようについて、また世界観教育のメカニズムと中身について、特殊組織的な分析を十分なしてはこなかったように思われる。

もとよりナチズム、ナチ党の世界観をめぐっては、F・ノイマン『ビヒモス』の古典的分析以来、さまざまな体系的分析がなされてきたが、これがナチ党員・組織固有の絶対的な世界観であったというものは存在しなかったと見る見方が現在では一般的になってきているとはいえよう。それぞれの、特に幹部各人物に即してみると、彼らのイデオロギーがそのユートピアを生み、そのユートピアをそれぞれが実現しようと努めた、そのおそるべき帰結自体、私たちには周知のものであるが、単頭制か多頭制かという権力構造問題に比定すれば、フランク＝ロタール・クロルが鋭く指摘したように、ナチ党の世界観も多元主義的、多中心的であったのが実情だったといってもよいであろう（小野清美・原田一美訳『ナチズムの歴史思想』柏書房、二〇〇六年、二一一〜二一三頁）。このような精神的「多頭支配」状況下、動機は千差万別であっても、世界観、イデオロギーの最大公約数は、対ユダヤ人憎悪だったといっても過言ではない。

ナチズムにとって世界観の敵、人種の敵のナンバー・ワンは間違いなくユダヤ人であった。ドイツ民族の最悪の敵は、ヒトラーにとってもヒムラーにとってもゲッベルスにとっても、ユダヤ人であった。

ナチズム運動初期の国民社会主義ドイツ労働者党綱領は「民族同胞のみがドイツ国公民たりうる。宗派にかかわらずドイツ人の血をひく者のみが民族同胞たりうる。ゆえにユダヤ人は民族同胞たりえない」（第四条）、「国民でないものはドイツにおいて異邦人としてのみ生活すべきであり、外国人法が適用されねばならない」（第五条）と規定していた。この排除規定が実際に差別法として国法となったのが、党綱領決定一五年後の「ニュルンベルク法」であった。この法制定のきっかけになったのは、レーム事件による突撃隊幹部粛清でもはや反ユダヤ主義的乱暴狼藉は無くなると事態を楽観視して、住み慣れた故郷をいったん離れていた、そういうユダヤ人の帰国・帰郷が相次いだことに対する反発から巻き起こった反ユダヤ主義的行動であった。

この一連の動きの脈絡で、SSは注目すべきことに機関紙『ダス・シュヴァルツェ・コーアDas Schwarze Korps 黒色軍団』で、「人種的不名誉、恥」を刑法上禁止せよというプロパガンダを早々と三五年春から展開し、「人種に対する裏切り」を撲滅する法を提言していた。[*1]

ドイツ語の Mischehe ミッシュエーエ（英語ではmixed marriage）は、異なる宗教を奉ずる人びとの間の婚姻を指し、キリスト教徒とユダヤ教徒の間の結婚はもちろん、元々プロテスタントとカトリック教徒との結婚をあらわす場合使われた。異宗婚と訳してよい言葉である。ところが、ナチ時代に入ると、この言葉は、配偶者の一方がナチスいうところの「ユダヤ人種」に属する婚姻関係をもっぱら指すものとして使用されるようになった。ナチばりの人種論では、「ドイツ的血を有する人間」との婚姻関係にあるユダヤ人（「混血婚」ユダヤ人）は、「ドイツ人血縁共同体」に対する直接的脅威になる、という点で、他のユダヤ人と比べても望ましくない存在とされた。

ともあれ一九世紀前半までは結婚は教会の専括事項であり、ユダヤ人とキリスト教徒との結婚は、ユダヤ人が改宗した場合のみ認められていた。だが、一八七一年創立のドイツ帝国において、教会を経由しない、自治体役所戸籍担当部課での市民婚が導入されて以来、ユダヤ人にとっては改宗をしなくてもキリスト教徒との結婚が可能になって、異宗婚は増え、ヴァイマル共和国時代にはさらに増えてヒトラーが政権を掌握した一九三三年には三万五千組のこうしたカップルが存在した。[*2]

「人種汚染」性交に一〜一五年の懲役を科すと同時に公民権財産権を剥奪せよとか累犯の場合には断種措置も施せ等の提言は何もSSに限定されたわけではないが、人種法制定に向けての動向としてはこれまで以上に注意する必要があるように思われる。というのも、ナチ党内の反ユダヤ主義をめぐっては「理性の反ユダヤ主義」と「感情の反ユダヤ主義」の対立ないしその対照性が従来は強調され、ことに後者の場合、ポルノまがいの形で庶民の情動と反感を煽りたてるシュトライヒャーの反ユダヤ主義宣伝紙『シュテュルマー突撃兵』がSSの「理性的反ユダヤ主義」と対比されていたが、むしろ相補的であった点を見直す必要があるのではないか。実際、敵性世界観の探索追及で辣腕をふるったSSのフランツ＝アルフレート・ジックス教授（戦争中の国家保安本部第二局世界観的敵問題局長）は、「感情の反ユダヤ主義」をユダヤ人の駆逐・奪権化の激化過程における不可欠の酵素とみなしていたのだった。*3

一九三五年九月の「ニュルンベルク人種法」が、「ドイツ人の血と名誉を保護するための法」と「ドイツ国公民法」から成り、ユダヤ人に対するあらゆる差別を一挙に合法化するとともに、ドイツ人と「ユダヤ人」の間の婚姻を禁止し、「ドイツ人の血の純潔性」を法的カテゴリーにまで仕立てあげたことも周知であろう。問題は、何をもってユダヤ人とするかであったが、党側は四分の一ユダヤ人以上を全てユダヤ人としようとしたものの、経済界でなお重きをなしたシャハトや、ユダヤ人の範囲が拡大されることで兵役義務対象者の減少を憂慮した国防省、対外関係の悪化を憂慮した外相ノイラート等の指摘も受け、内務省による同年一一月四日施行令でひとまずは落着したかのようにみえた。そこでは、祖父母のうち三人以上、いわゆる四分の三ユダヤ人以上が無条件で（完全）「ユダヤ人」とされ、祖父母のうち二人や一人の場合は、それぞれ「第一級混血」「第二級混血」とされ、一定の条件でのみ「ユダヤ人」であるとされた。しかし人種の生物学的特徴そのものは結局法的に確定できず、「ユダヤ人」の判定基準は、ユダヤ教共同体に所属するか否かという基準にすり替えられた。かくしてニュルンベルク法はユダヤ系の人びとから公民権を剥奪し、彼らをドイツ社会から隔離する過程をひとまず完成させた。

SSの世界観教育

SSが本格的に世界観教育に乗り出したのは、以上のようなニュルンベルク法が成立したあとの一九三六年はじめであった。当時SSの世界観教育をになったSS人種植民本部が出した指令、教材、資料を見ると、反ユダヤ主義がSSの世界観教育においてすでに中心的役割を占めていたことは明らかである。[*4] この年の世界観学習を集約する最簡約の定式は、次のようなものであった。

「なぜユダヤ人は我々にとって最大の敵なのか？　①それは、ノルディッシュ（北方種）[*5] と決定づけられた民族の闘争精神、抵抗力、高度の効率性能力を血の混淆によって破壊しているからである。②ユダヤ人は、他の民族の労働に寄生しそれを搾取する寄生虫だからである。③ドイツ民族のさまざまな敵は、ユダヤ人によって指導されているか、あるいはまたその影響をもろに受けた精神的子どもだからである」[*6]。

さまざまの文書学習資料に写真も数々添えられている中で、現在から見て少なからず関心を惹くのは、写真とキャプションと説明文の独特の組み合わせであろう。「ユダヤ人のボディを見てそれをさらに判別できる全ての人間にとって明白なのは、ユダヤ人が我々とは全く異質だということである。もっとも、ユダヤ人といっても多種多様であるが、それでも彼ら全てに共通の特徴があり、したがって全ての人間がユダヤ人の肉体的現象形態についてはある決まった表象をもつことになる。ユダヤ人は髪も眼も黒い。鼻の特徴は、狡猾で抜け目がないところだ。また幾重もの団子状でたれさがっている。耳は横に張り出して、特に肉太である。下唇は厚く出っ張っており、ボディは我々よりも小さく脂肪が多い。裸になると腹の弛みが目立ち腰も多肉質である。歩行は若干覚束なく、しばしばがに股扁平足である。至る所全てに存在するユダヤ人への嫌悪感の因ってきたる由縁がいったい何処にあるか。それは、わが民族の理想的美しさをこの雑種混淆たるユダヤ人に対置してみれば、どんな人間にも直ちに明らかとなる」。以上は《血の違い》というタイトルのついた説明文である。そこに据えられているのは、「ユダヤ人とゲルマン的タイプの人間」というキャプションのついた（ユダヤ人の写真には「混血民族」、ゲルマン的タイプには「人種」という書き込み文字）組み合わせ写真である。

それにさらに以下の説明が続く。「人間や動物の体には無数の微生物の存在、巣くっている体の生命力を全て破壊しうる病原菌の存在を、我々は知っている。寄生された人間あるいは動物が日に日にやせ細っていくのに対し、結局のところあらゆる飲食物を自らの滋養分として利用しつくし益々肥え太っていく最大の寄生虫がサナダムシであることも我々は承知している。以上に挙げた他の生物同様ユダヤ人は寄生虫であり、ユダヤ人が栄えるところ他の民族は死に絶える。……ユダヤ人に講和の条件を課してはならず、我々にゆるされているのは彼らを滅ぼす慈悲の一撃のみである」。これに追い打ちをかけるように続くのが「ドイツ的血をもった人間に歯向かうユダヤ人の本性」であり、「北方種であるドイツ人の天敵」だから「ドイツ農民の天敵」でもある、とし、中世の高利搾取者から現代ソヴィエト・ロシアの農民絶滅へといたるカリカチュアに全体タイトルとして、ユダヤ人にこのままでは他の諸民族は絶滅されてしまうという警告的メッセージも込めての「諸民族の絶滅」という過激な言葉が掲げられていた。*7

「正当防衛」という反ユダヤ主義

学習資料には、総路線を示す言葉も徹底的ラディカルに表現されている。「対外的に我々は、限りなく迅速に武装が整うよう、全ての照準をそこに合わせてきた。あらゆる時代の、われらが境界、わが民族の主権、わが国家に対するユダヤ人のどんな攻撃にも、びくともしないよう。敵をよく知る者のみが、おのれを敵から護りうる。あらゆるドイツ人民族同胞は、ユダヤ人を、あらゆる国家、我々の血から生まれたあらゆる世界観の天敵として認識するよう配慮せよ」。ここには世界観学習の最重要要素が明示的に強調されていたといえよう。しかも「人種的憎しみ」に駆られてではなく「正当防衛の行為」[*8]そのものという意味において、SSはこのように反ユダヤ主義を自己の世界観の本質的な要素としていたが、それにとどまらず、ナチ・エリートたる自負には、民族共同体全体を自分たちのためのアジテーションの自明の領野とみなすことも含まれていた。

考えられる限りのあらゆる反ユダヤ・ステレオタイプの拡張、ユダヤ人問題のラディカルな解決方法をめぐる議論が、一九三六年の年全体にわたってSSの世界観教育の内容を支配していたといっても過言ではない。一般的に一九三六年は、スイスのナチ党代表ヴィルヘルム・グストロフがルーマニア出身の医学生フランクフルターに殺されドイツ国内は騒然となりかけたものの、三月のラインラント非武装地帯へのドイツ国防軍の侵入という重大事件、またベルリン・オリンピックという重要な世界的イヴェント開催のため、反ユダヤ的「報復」宣伝が、極力おさえられた。結果的には一時的なものながら、その意味でのオリンピック年の反ユダヤ主義の鎮静化が従来研究者の間では強調されてきたが[*9]、SSがユダヤ敵対的な内容を自組織内に限ったとしても、当時の全体的反ユダヤ主義抑制政策には拘束されない、内部学習を重視優先させるグループが歴然として存在した点は注目すべき事実であろう。

2　警察と世界観教育

保安警察幹部候補生学校

警察機構全体をコントロールせんとする企図が当初内相フリックや他の官僚の激しい抵抗に遭遇したものの、一九三六年六月「内務省内ドイツ警察長官」のポストをヒトラーに直属する形で獲得して以来、フリックから独立しえたヒムラーは、三五年一〇月にすでに触手を動かしていた警察幹部候補生学校の開設に再着手し、専門的職業訓練と世界観教化とを結合させて、警察とSSとの違いを曖昧化させる戦術に出た。*10 一九三六年八月二六日ゲスターポと刑事警察から成る保安警察は、親衛隊保安本部長ハイドリヒの掌握するところとなり（ハイドリヒの新しい肩書きは保安警察・SS保安部長官）、また通常警察（秩序警察）もオルポ（Ｏｒｐｏ。Ordnungspolizei〔通常警察〕の略記通称名）長官の肩書きを獲

2　ハイドリヒ（Laurence Rees Auschwitz, Londow 2005)

得した、有名な反革命義勇軍ロスバハ（ナチ党よりもはやくカギ十字使用）組織出身のSS幹部ダリューゲの手に落ちた。[*11]

一九三七年四月ベルリンのシャルロッテンブルクに保安警察幹部候補生学校が開設された。それまではもっぱら警察の伝統的専門任務訓練の場所であった機関は、刑事係警部教程の形で、SS保安部、ゲスターポ、刑事警察の高級幹部を目指す若い候補生に九ヵ月のコースを提供した。より上の世代には短期の刑事査察官用演習コースを用意、保安警察の下部吏員の候補生にも時宜に応じて教程で学ぶ機会を与えた。教官には、特別の豊富な知識と教育能力のある保安警察官僚が選ばれて、教壇に立った。しかし、法律的知識をはじめこれでは短すぎて十分ではないとされた教程には、ベルリン大学その他での一八ヵ月のゼミナール参加、各地域保安警察支部での行政的任務消化が前提とされ、その上で幹部候補生学校入学試験を受けることが義務づけられた。戦争に突入したあと国家保安本部を創設してその新長官に就任したハイドリヒは、大学での勉学も含め本来は四年に教程期間を延長するつもりであったが、独ソ戦準備がそれをゆるさなかった、と振り返って述べている。[*12]

ハイドリヒの「敵」のカテゴリー

幹部候補生学校開設当時、なぜ警察官が世界観学習を必要としているかについてハイドリヒが開陳している説明も注目に価するところである。彼はドイツの敵を特徴づけるのにすでに劣等人間

(Untermenschen)という概念を用いている。[*13] この場合敵は二つのカテゴリーに分けられていた。一つは「一般に明確な計画ももたず行動する非政治的敵」、いま一つは「政治的世界観的犯罪者で、きわめて目的意識的に行動するが、しばしば宗教的・科学的・経済的あるいはまた社会的な活動を偽装として利用し、ドイツ民族を分裂・弱体化せんとする。とりわけ自らの真の意図を隠蔽するのに抜け目ないのがユダヤ人、フリーメーソン、政治の場で活動する聖職者」である。「ドイツの敵を効果的に打倒する戦闘を遂行できるためには、保安警察の官僚について、人種的・性格的メルクマールにもとづく慎重な選抜とともに世界観の学習という点においても徹底を期さねばならない」とされたのであった。

反ユダヤ主義の位置と役割

本章のはじめで明らかにしたように、反ユダヤ主義は、ナチ党綱領の重要な部分をなした運動初期以来、組織にとって不可欠の世界観であったが、「闘争期」(=ヴァイマル共和国時代)わけても国民政党化以降、反マルクス主義に優先順位が与えられたこともあり、[*14] 必ずしもつねに前面に押し出されたものではなかった。しかし、ナチ体制確立後、反ユダヤ主義的な法律と措置はめまぐるしく増えていく。その過程貫徹にどの公的組織よりも「貢献」したのが実は警察であった。警察幹部における人事政策上のグライヒシャルトゥング(強制的同質化、均制化、ナチ化)が強行されるとともに、警察の世界全体が党に適応させられる過程は「以前の相容れない対立から今日の緊密な一体化へ」、「あらゆる国民の敵撲滅のための国家秩序の基本要素の協働」[*15]と表現された。一九三三年三月から六月にかけ新たに作られた補助警察の人員は、プロイセンだけでも通常の都市配備警察の数にほぼ匹敵する五万名を数えた。その内二分の一はSA、三分の一はSSが占めていた。三四年末には約一万名のSA、SSがプロイセン警察に受け容れられた。その後の過程が示すように、これらナチ党分肢組織や警察は三四年六月末の「レーム事件」に象徴されるような相互間の摩擦や対立を生ぜしめなかったわけではない。しかしながら、ナチ体制成立後「国民の敵」と公示された人びとに対しては、宣伝スローガンにも即応して早くから機能統一体として現前した。さらに、いつも暴力行動を展開する準備には怠りなかった党の積極活動分子が「ユダヤ人問題」で可能なものの境界をラディカルな方向へと踏み越えるような場合には、プロイセン政治警察のゲスターポ、あるいは刑事警察（政治警察と刑事警察は保安警察として一九三六年統合、既述）が国家また党の発する秩序化指示をしばしば実行する形でユダヤ人の身柄を拘束確保したが、担当吏員の数が不足したこともあって、強制収容所送りにする前の段階では通常警察（都市配備警察や駐在所警察官にいたるまでの地方警察）が逮捕することが多かった。警察とSSのかかる協働や人的相互混和状況は、普通の警察官が平常業務としてユダヤ人の生活基盤破壊、否生殺与奪権行使を展開しているかのように日頃から漸次国民の目に映っていった。[*16]

「国民の敵」の扱い方

「国民の敵」に対する対応という点では警察より遥かに厳しい暴力の用意を怠らなかったSSの側でも、その後の「ユダヤ人問題」のための教訓を先取りする経験を積みつつあった。習慣とさえなっていくようなこの種のブルータルな暴力へ涵養した場所が、初期の強制収容所であった。収容所囚人の中でユダヤ人が占めた割合は、一九三八年までは五～一〇パーセントでそれ自体はけっして高率ではなかったが、ナチ体制成立の一九三三年に約五〇万人を数えたユダヤ人全体のドイツ国民に占める割合は〇・七パーセントであったことに鑑みれば[*17]、他のドイツ市民よりも身柄を拘束された犠牲者の割合はかなり高かった[*18]。こうした数比・数値よりも重大な事実は、初期の強制収容所内でのユダヤ人に対する扱い方が他のナチ国家的「ユダヤ人政策[*19]」とは異なっていた点である。いつでもユダヤ人を死にまでいたらしめえた監視隊員の暴力は、強制収容所の構造的メルクマールのひとつであった。最初の強制収容所ダハウの状況がその後のホロコースト史を決定的に刻印する基本モデルとなったといえよう。SSが前日ダハウの監視任務を引き受けたばかりであった一九三三年四月一二日、最初の囚人虐殺がおこなわれた。SSは前日ニュルンベルク、フュルトから強制移送されてきたばかりの四人のユダヤ人を、警告を無視して逃亡をはかろうとしたという廉で射殺した。三三年六月所長に就任したアイケのもとで訓練され鍛えられた監視隊SSの代表格がルードルフ・ホェースであるが、SS隊員たるもの「平時においても昼夜を問わず有刺鉄線背後の敵に対面している唯一の軍人[*20]」というのが

「アイケ派」の強調点であった。ダハウ最初の収容所規則もユダヤ人を（ヴァイマル共和国の）「ボス」とともに飛びきりの「懲罰グループ」にカテゴリー化し、アイケ自身部下たちの前で「ユダヤ人問題」についてよく話題にし、執務室にはニュルンベルクの悪名高いナチ指導者シュトライヒャーの主宰した反ユダヤ主義機関誌『シュテュルマー（突撃兵）』のポスターを掲げていた。[*21] 一九三四年七月上旬には強制収容所総監にアイケは任命され、[*22] 同時にSS中将に特進、収容所監視部隊の司令官にも就任したことは、ユダヤ人取扱に代表されるダハウ実践訓練モデルを収容所次元で全国化させることになった。すでに収容所SSは後の大量虐殺機構の「精力的な担い手」且つ「伝導ベルト」として機能していたといえるのであるまいか。[*23]

3 ヒムラーにとってのSS教化構想と世界観教育

軍の役割に関するヒムラーの考え方

ヒムラーは一九三六年六月半ば新しいポスト「内務省ドイツ警察長官」に就けることが明らかになった段階で、自らの新地位を、「ドイツ国内」を戦場にした「最高司令官」と見立てていたことは案外知られていない。[*24] 警察を内国軍的に捉える彼に特徴的な見方は、SS武装部隊と国防軍との関係を検討してきた従来の歴史研究には死角になっていた点といってよい。ドイツ第三帝国の歴史全体同様、活火山のようにダイナミックな活動、膨張、編成変えに彩られていたナチ体制暴力組織の歴史は、陸軍がヒトラー政権掌握直前の一九三二年から一〇年後の一九四二年には六〇倍に膨らんでおり、SS武装部隊もようやく正式に軍事編成を認められ公式に発足した一九三五年の一〇年後には一〇〇倍に膨らんでいたところに端的な象徴的事実を見ることができる。[*25]

SS武装部隊の世界観（教育）に関してヒムラーは、国防軍の権威を全く認めておらず、ただSSの上に君臨する権威としては総統ヒトラーのみを仰いでいた。[*26] もっとも、SS武装部隊に特殊な世界観があったわけではない。一方で「友」から区別された「敵」に対する容赦なさをもっての闘いに邁進するにとどまらないのはもちろんであり、ナチ国家、ナチ世界観に対するあらゆる種類の攻撃を、運動の理念と個人の名誉を無条件に同一化している自らのアイデンティティを傷つけ破壊する攻撃とみなしており、「ドイツ的本質の最も深い表現としてのナチ世界観は当然のこととしてドイツ的人間の内的精神的錬成をもっぱら要求している」意味において「ドイツ魂」をめぐる闘争には妥協はありえず、それは「血によって定められた法則」であった。したがって「ここでは誠実に敵を敵として認識するか敵を絶滅するしかない」ということになったのである。[*27]

ローゼンベルクの「血の神話」

すでに第1章で取り上げたヒトラーの『わが闘争』が「世界観」の要求を、ナチ党の歴史・戦略・

党綱領のアスペクト（観点ないし観相）として扱う、したがってテーマ的には従属的なものとして扱っているのに対して、ナチ党イデオローグ、アルフレート・ローゼンベルクの『二〇世紀の神話』（一九三〇年）にとっては、「世界観」の彫琢が重要だったが、党内の代表的な両論考は、互いに補充し合う意味合いをおびていた。ヒトラーは世界史をさまざまな人種の選抜闘争とみなし、わけてもパワー・ポリティックス的な観点から見ていたのに対し、ローゼンベルクのほうは歴史を「北方」種による世界解釈と「エートス」をめぐる闘争として構成していた。ローゼンベルクによれば、この闘争は原理をめぐって戦われるが、特に最終局面での敵がユダヤ人ということになる。もっともローゼンベルクにとってまずは「名誉」観念とかかわってキリスト教が主敵になる。超越宗教たるキリスト教に対しては、内在的な「血の神話」が対置される。人種魂は「名誉」観念と結びついていながら、その自己展開を妨げているものこそキリスト教であるとされるが、「血の神話」とは、「人間そのものの神的本質も血で守られているという信念」である。[*28]

ローゼンベルクによれば「神話的」とは、わけても全ての精神生活が遺伝的に予め決定されている状態、人種と魂とが「有機的」に統一されている状態を指し、この状態は常にすでに所与のものとして、歴史と文化のあらゆる段階に展開されている。この統一をローゼンベルクは人種魂と称している。魂は人種を内側、内面から見たものであり、逆に人種は魂の外面である。かくしてローゼンベルクは「北方種の」人間の「人種魂」に「至上価値」として「名誉」を認定するのである。[*29]

「民族の健康」・「名誉」・「民族の害虫」の絶滅

ドイツ的血とドイツ的名誉とさらに遺伝病形質が無いという価値とがすでにここに結びつけられているのであるが、その純粋な維持と防衛こそが、民族の福祉である、というナチ的世界観は、特に戦争に突入した国家とその法に浸透していくが[*30]、すでにSSレベルでは、三六年の「転換期」を経て、民族の健康＝衛生が、正真正銘の神格化を経験していたといってよい。「民族の健康―これこそが民族の生存の唯一の保証である。健康―それが国民社会主義の人種衛生学と人種政策とを総合したものである。それゆえに、健康は―新しいドイツ国家の住民政策は、もっぱらそれに基づいているのであるが―不意の無意味な失血から民族を守るものなのだ。これこそがドイツ国防政策の最も深い意味なのである。ドイツ民族に生存の基礎を与える健康、それのみに新生国民社会主義ドイツ国家における経済も企業も仕えるのであり、利己的な懐疑の念はおこりえない。健康―それこそが、若いそれぞれの世代のあらゆる未来に対する、両親からの最大の国民的財産として遺された、義務としての遺産である[*31]」。

要するにナチ的世界観に適合するもののみが健康ないし健全とみなされ、それと相容れないものは、病的で自然に反すると非難、断罪されることになった。SSのプロパガンダは事実上あるいは彼らの憶測上の「病者」あるいは憶測上の不自然ないし自然に反するものを標的にした。このプロパガンダはもちろんSSにとっての「啓蒙活動」であったが、その目的は、最終的には「民族の害虫」と証明された敵の絶滅を最も広範囲に受容する状態の実現達成にあるとされた。そこにいたる最良の道が、民族の健康という理想の過剰な媒介であった。民族の健康は、全体の福祉と同義とされ、あらゆる倫理的考慮はそれに従属させられたのである。*32

ＳＳ武装部隊教育におけるラディカルな授業内容

世界観教育と作戦・戦術指導はＳＳ武装部隊の場合は分けられており、作戦・戦術始動についてはＳＳ各ＳＳ部隊司令官・指揮官のもとに軍事訓練がなされていったが、前者の世界観教育のほうは、ＳＳ全体の世界観教育を担当するＳＳ人種植民本部に委ねられていた。ＳＳ武装部隊のための最初の中心的指令は一九三四年一〇月半ばに発せられている。*33

そこでは、「学習の目標」が、「ただ単に世界観や人種問題を知識として知ること」にあるのではなく、「北方的―人種的基礎の上に打ち固められた強固な世界観の態度・行動様式」形成へとＳＳ隊員を促すものでなければならないとされた。したがってＳＳ隊員は世界観教育を通じてナチズムを「知る」のではなくそれを生活の規範として「生きる」存在でなければならないが、責任ある指導者の方も、隊員の心を掴むには「隊員の日常生活」に絶えざる眼差しを向け、「我らが意志を自分自身の最も深い内奥の体験から出てきたもので刻印するものであって」はじめてそれが可能になるとされていた。ここには、ＳＳと警察における世界観教育が戦争の最後までかかずらわっていくことになる「ユダヤ人問題」においてもまさに鍵となる要素、すなわち実践志向、体験に独特の重みを与える性向、人種イデオロギーの非妥協性が、すでに掲げられていたといえよう。

世界観教育においてこのようにラディカルな授業内容に直面させられたSS兵士からは、ただそれに同意した反応がかえってきた。明らかに兵士の多数は、ナチズムへの信仰告白、SS武装部隊での勤務を、ユダヤ人に対する敵対的な態度と結合させていた。次のいくつかの事例はSSがすでに第二次世界大戦前から反ユダヤ主義的行動をとっていたケースである。*34

4　第二次大戦前に見られたSS武装部隊の反ユダヤ主義行動

SSと「水晶の夜」

のちに武装SSのSS歩兵第一〇連隊SS伍長として戦ったブルーノ・リッターは、一般SSのSS中尉であった一九三八年一一月アシャフェンブルクで「水晶の夜」（パリでユダヤ人青年グリュンシュパンによってドイツ大使館員が狙撃され二日後に死亡した事件をきっかけにドイツ全土でユダヤ人商店やシナゴーグ〔ユダヤ教会堂〕が一斉襲撃された事件）を迎え、暴力行動に加わり、あるユダヤ人をその住宅で殴り倒し、そのすぐあと、もう一人のユダヤ人を住宅から市立養雉場に拉致して虐殺している。当時一九歳のヴィリ・ヴィーデマンは、すでに一九三五年にSS特務部隊に入隊し「ゲルマニア」連隊第三大隊に勤務していたが、一九三八年一一月九日夜、仲間と共にゲッティンゲンのシナゴーグに火をつけ土台まで焼き払った。一九三九年にはポーランドに遠征、四一年夏にはSS第一旅団修繕中隊を率いてソ連邦に進軍した。「水晶の夜」当時三八歳だったズィークフリート・コットハウスは、ヴッパータールのユダヤ教信徒共同体で乱暴狼藉の限りを尽くし、シナゴーグを破壊した上で最後に放火した。熟練の室内装飾職人であったコットハウスは、一九三一年一二月にSSに入り、その一年後にはナチ党党員となり、三三年にはエスターヴェーゲン強制収容所監視隊の一員になっていた。三四年にはSSを通じてヴッパータール市行政ポストにも就き、開戦後はSS騎兵隊に志願し大隊長に昇進した。四一年は第一騎兵連隊に配属されソ連に進軍した。のちSS騎兵隊偵察部隊に属したヴァルター・ベズーフは他のSS仲間と三八年一一月一〇日ボッパルトのシナゴーグを襲撃、翌日もう一度破壊を完璧にするべく犯行現場に立ち戻った。

以上の四例にもちろん限られない「水晶の夜」におけるSSの暴力行動は、従来の見方を変えるものであろう。この事件においては、SAの暴力が主役で、対応の遅れたSSは警察側として、SAを中心とする組織的暴力の展開には介入せず傍観者的役割を果たしたにすぎないというのがこれまでの見方であったが、[*35]本章のごとく世界観教育のありようを検討してみると、のちに武装SSに加わることになったSS隊員が、すでに「水晶の夜」事件を格好のチャンスとしてさまざまな暴力行為に及んだこと自体不思議なことではなかった。強制収容所では、計約一〇〇〇〇名のユダヤ人が「水晶の夜」

事件後数週間のうちに殺害されたことが近年の研究で明らかにされている。[*36]

事件に際してのヒムラーの秘密演説

ヒムラーはSS全体の世界観学習に対する責任を、一九三八年八月はじめSS人種植民本部からSS主管本部の長ベルガーに移していたが[*37]、従来の枠組から三八年の転換へ向かう敏感な反応はそればかりではなかった。三月のオーストリア併合、それにともなうオーストリア・ユダヤ人に対する迫害の拡張、ウィーンにおけるアイヒマンの出国・追放強制、七月のエヴィアンにおける国際難民会議の問題処理挫折、チェコとの緊張亢進、一〇月のミュンヒェン会談でのズデーテンのドイツへの割譲決定といった一連の緊迫した事態の流れは、第三帝国の外政状況とユダヤ人政策をより緊密に結合させ、「ユダヤ人問題」について明らかにされるあるいは世界観学習において習得されるものによりラディカルなトーンを響かせるようになっていた。一一月七日グリューンシュパンがパリのドイツ大使館で吏員を撃った事件は、世界ユダヤ人によるドイツへの脅威という想念を内面化していたナチ党幹部にとってはかかる想念の、現実における確証を意味していた。事件が伝えられたその翌日、SS中将以上の幹部に対して行ったヒムラーの秘密演説は、三八年以後の状況を予感させる内容であった。やや長くなるが紹介してみよう。

「来る一〇年のうちに類を見ぬ闘争が起こるが、それは諸民族の闘争というにとどまらず、ドイツを打倒せんとする世界全体のユダヤ人、フリーメーソン、マルクス主義、教会勢力の《世界観闘争》になる。ユダヤ人は、かかる反ドイツ同盟における駆動力というのみならず、《あらゆるネガティヴなものの原材料》である。ドイツはドイツ・ユダヤ人を未曾有の容赦の無さをもって駆逐するつもりであるが、ただグローバルな反ユダヤ闘争の前提条件を創り出しているにすぎない。今後予期できるのは、全世界がユダヤ人のために場所をあけるつもりはないということである。ユダヤ人は、自らが絶滅されたくなければ、敵の指導者――ドイツとイタリア――を、殲滅しなければならないと認識した。この闘争にドイツが負ければ、ドイツ人は全て餓死させられ屠殺されるだろう。SSは同情をもつことなく最も苛酷な命令を実行しなければならなくなろう。というのもSSの前には大ドイツかそれとも絶滅かという課題しかないからである[*38]」。

機関紙『黒色軍団』の論調

これは幹部向けのヒムラーの特別秘密演説であったが、三八年の、ユダヤ人問題にかかわる特殊SS・警察的見解表明一般が過激化していったのには、ドイツ国内の反ユダヤ主義的措置が次第に先鋭化し、世界観教化も漸次亢進していたことが大きくかかわっていた。こうした政治的環境と特殊組織的操作を媒介するにあたって重要な機能を果たしたのは何といってもSS・警察メディアであり、中でも当時世界観教育用として配布された親衛隊機関紙『ダス・シュヴァルツェ・コーア（黒色軍団）』

の特集記事が無視し得ない役割を演じたことが挙げられよう。[*39]
「水晶の夜」(一一月のポグロム)以後、この機関紙の論調の激しさは、新たなピークに達したといってもよいほどで「数年のうちに、我々のユダヤ人問題は解決されねばならず、しかもそれは全面的に解決されるものとなる」[*40]、「益々ラディカルに」と述べていた。[*41] 先のヒムラーの秘密演説にしたがってハイドリヒも一九三九年一月SS高級将校を前に演説、ユダヤ人を「永遠の劣等人種」、ナチ体制初期からのユダヤ人追放(出国)を間違った政策とした。この方法では問題は根本的に解決できなかったからとしていたのである。[*42] ヒトラー政権成立六周年にあたる一九三九年一月三〇日、このナチ党総統は記念国会演説の中で「世界戦争がおこればヨーロッパ・ユダヤ人の絶滅に帰着する」という注目すべき一節を披露した。この有名な演説については、さまざまな解釈がなされてきたが、[*43] ここでは従来ほとんど触れられなかった、親衛隊のリアクションについて、わけてもSS幹部候補生への教育担当者がこれをどう受けとめたかについて言及しておきたい。
「SS幹部候補生のための活動チーム」の発刊する「問題概要第一九」は「ユダヤ人」特集であり、ここでは「出国政策にかわる代案」として「絶滅」を挙げており、ヒトラーの一月演説にももちろん触れつつ、「危機は想像だにできぬほどのもの」ながら「その終わりも疑いえないもの」としていたのである。[*44] ここからは、もちろん方策が現実具体的に導き出されているわけではないものの、すでに戦争が始められる前の段階で、「ユダヤ人問題の解決」への促迫が強められ、しかも「世界観闘争」[*45]

に従事する兵士のための教育活動が大量虐殺を可能性として実質内包する将来をも暗示していたことが明瞭に窺える。その点が重要であろう。

5　世界観教育担当将校の思想

主な世界観教育担当者たちの行動様式

開戦前後、「世界観教育」を担当していたSSのキー・マンの幾人かの思想と行動の軌跡について、ここで少しまとめて概観しておこう。オットー・ヘルヴィヒSS少将（一八九八年生まれ）は、三九年当時ベルリン・シャルロッテンブルクの保安警察幹部候補生学校司令官（校長、その前はブロツワフのゲスターポ部長）を務めていた。同年九月対ポーランド侵攻が始まると、行動部隊でもウード・フォン・ヴォイルシュSS大将の下で特別任務をになうコースを学校に設け五〇～八〇名警察学校生を訓練し、この部隊を指揮したのであった。[*46] ヴォイルシュの部隊の行動は悪名高いことで知られるが、一九三九年九月一六～一九日プシェミスュルとその周辺で五〇〇～六〇〇名のポーランド・ユダヤ人を虐殺した。ヘルヴィヒも候補生たちも射殺作戦に積極的に参加しており、世界観教育は、大量殺戮へのコミットメントに対する心理的抵抗の堰をむしろ除去する役割を果たしたといえよう。

エルヴィン・シュルツSS少将（一九〇〇年生まれ）は、二一年反革命義勇軍オーバーラントに入って活躍後、二三年ブレーメン都市警察、三〇年政治警察、三五年にはブレーメンのゲスターポ責任者（部長、同時に親衛隊保安部メンバー）となり、三九年五月にはズデーテン・ライヒェンベルクのゲスターポ責任者、四〇年一月国家大管区ズデーテンの保安警察総監、同年四月ハンブルク保安警察・親衛隊保安部司令官、四一年春には国家保安本部ⅠB群（学習・教育）責任者、同時にシャルロッテンブルクの警察幹部候補生学校の校長も務めた。*47 四一年六月〜九月、行動部隊第五行動隊指揮官としてソ連でユダヤ人を大量虐殺、戦後一九四八年ニュルンベルク継続裁判・行動部隊裁判（第九号事件）で二〇年の有罪判決を受けた。*48 彼の場合も刑事警察の教程にいた約一〇〇名の校生を率いた形で行動部隊に配属になったのであった。

国家保安本部から派遣され三九年幹部候補生学校の幹部将校になったヴァルター・ツィルピンスSS少佐（一九〇一年生まれ）は、法学博士。国家保安本部では、第一局ⅠB3（訓練・課程修了後教育・特別学習）課長を務めていた。一九四〇年ウーチの刑事警察部長を務め「リッツマンシュタット（ウーチ）のゲットー」（一九四一年）という論考をものし、ゲットー住民に対する抑圧政策を犯罪撲滅の手段として正当化した。この論考では、強制移送されたユダヤ人について、「犯罪者・闇商人・暴利貪る高利貸し・詐欺師を、ぎゅうぎゅう詰め*49」と述べている。

ツァップの「ユダヤ人問題」解説

パウル・ツァップSS少佐（一九〇四年生まれ）の場合、プロテスタント民族派から出てきた「ドイツ的キリスト者」とも競合し教会そのものからの離脱をメンバーとしての前提条件とする「ドイツ的信仰運動」（会長ヤーコプ・ヴィルヘルム・ハウアー）の幹部（事務局長）であった。ヒムラー、ハイドリヒにも世界観教育で重用され、一九三六年には親衛隊保安本部（SD-Hauptamt）第三（世界観）課長になり、一九四〇年五月～一二月フュルステンベルク校での世界観教育を主導した。[*50] この時期彼が中心になって運営した学校では、シュレージエン、ポーランド総督府の保安警察・SS保安部の幹部候補生を養成した。四〇年末ツァップが書いた「ユダヤ人問題」解説[*51]は、四一年はじめヒムラー幕僚本部にも提出閲覧されたが、SS・警察の世界観教育担当者が「ユダヤ人問題」を概念的にはどう把握していたか、問題「解決」についてもどの程度提案していたのか、その一端を窺える史料である。

ツァップは、旧約聖書やユダヤ教の慣習・儀式を歪めた像から、他の全ての民族を従属させる目標をユダヤ人が追求しているとし、ユダヤ人のこの権力への意志が、経済、新聞、金銭問題に発現するという。一九一五年ユダヤ人ヴァルター・ラーテナウがドイツの戦争経済を担ったのも以上の脈絡においてとらえられ、一九一八年のドイツの革命政府、ボルシェヴィキ体制もユダヤ人によって――ロシアの個々の官庁では一〇〇パーセント――支配されているというのである。一八世紀以降ユダヤ人解放は、彼らをしてプロテスタントへ転向させ、その後も貴族、将校団、国家公務員の中に人知れずひそかに忍び込ませるのを容易にした。ユダヤ人と非ユダヤ人との結婚からは圧倒的にユダヤ的――要するにユダヤ人自身、これこそ自分だとみなすような――特徴を備えた「混血」がたちあらわれる。ニュルンベルク法の見取り図は、以下のテーゼを無駄なく示しているはずである。ナチ体制がこの法でもってドイツ民族の新たな「ユダヤ化」を防げるのは確かながら、それでもユダヤ人問題自体は解決しない、グローバルな問題なのだから。この問題の包括的な解決のためには、世界ユダヤ人に対する決定的な一撃が必要だ、とツァップは述べていた。

対ポーランド戦での「実践」

世界観教育に携わっている幹部がラディカルな問題解決にどの程度傾いているかについての情報を多少とも示していた点で、ありふれた反ユダヤ主義的長広舌に終わらない注目すべきものをなお包含していたといわねばならない。ツァップの解説の末尾が、ユダヤ人問題をヨーロッパ・レベルにとどめず世界大で解決するとしていたのは、ポーランドを短期で撃ち破り、フランスを打倒した軍事的成功にともなう自負・自信の強まりを映し出していたともいえよう。一九四一年春対ソ攻撃の準備段階ではじめて行動部隊は保安警察・親衛隊保安部の世界観学習も終えたエリートのみならず、武装SSならびに秩序警察の部隊をも包摂した編制の行動隊を組織したのであった。ヘルヴィヒ、シュルツのみならず、ツァップも含め、世界観教育の担当者が校生を引き連れたまま行動隊を指揮し大量虐殺を敢行していったということは、理論と実践の文字通りの結合であり、生徒も教師も学び教えたことをまさに実行することであった。その意味でSS指導部にとっては、世界観学習が大量虐殺への最高に効果的な準備だったということになろうし、このような「教師」から「ユダヤ人の本質」について学んだ学校生が、その物理的殲滅に異議を申し立てる理由は基本的になかったといえる。

6 世界観学習の特徴

「学習指揮官」から「世界観教育将校」へ

すでに「ヒトラー親衛旗」部隊の将校に対する世界観教育という形で一九三四年から始まってはいたSS武装部隊の世界観学習における特徴は、軍事指揮・訓練は司令官に、世界観学習は学習指導教官に委ねられるという分業体制をとっていたところにあった。[*52] このような二元システム自体は、部隊の指揮官が兵士の精神と行動様式に責任をもつ軍の伝統とは食い違うものであったが、SS人種植民本部から派遣される「学習指揮官」の任務としてソ連赤軍の共産党部隊付委員モデルを視野におさめた提起がなされていた[*53]のが注目される。「ヒトラー親衛旗」部隊の学習指揮官ヴァイプゲンSS中佐による一九三七年のこの覚書は、国防軍の将校たちには異論・拒否反応をよびおこしたが、あくまでソ連邦を、完全に将来の戦争相手、敵と想定したものであり、全ての教官に平時でのロシア語修得を義務づけていた。軍とＳＳの対立の面のみを強調する見方が、近年暴露されるようになった軍の犯罪行動を従来はどれほど隠蔽する方向に作用したかその問題点がようやく明らかになってきているが、後に第一ＳＳ旅団を指揮することになった元国防軍勤務のヴィルヘルム・トラバントが「軍はユダヤ人とマルクス主義に依存しています。軍での居心地はよくありませんでした」と、軍を去りＳＳに入った「世界観的理由」について述べている[*54]ところは、軍への憎悪がユダヤ人憎悪と未分化のほどのものであったことが、ステレオタイプながら示されている。

ＳＳ人種・植民本部からＳＳ主管本部へ世界観教育の管掌が移っていったことは既に述べたが、それにともなって見られた変化の一つは、学習指揮官の位置・呼称の変更であった。ヒムラーから直接配置される学習指揮官は、それまで補佐役的「専門担当官」として部隊指揮官と並ぶ並列的存在であったが、以後は指揮官の規律に服する下属的存在となり、名称も世界観教育将校（Weltanschauung-Erziehung Führer 略称通称は WEFührer）になった。一九四〇年九月一四日ＳＳ（作戦）指導本部幕僚長ユットナーが発した勤務規定命令は世界観教育教官の任務を明確化するものだった。部隊指導者（指揮官）権威を、従来の世界観教育と軍事訓練との差異を止揚することによって強化しようとしたのである。中隊長個人において、二つの任務が一つの教育にまとめられることになった。「世界観教育は指揮官に最強の個人的尽力を要求する。それは学習のみ、すなわち知識の伝達のみであってはならない。本質的なものは、ひとりひとりの体験であって、それは個人が全霊かけ確信し、あらわされるものである。世界観教育は週講演のみにとどまらず、常にいたるところでおこなわれなければならない。執銃教練、武器操作訓練同様、欠かさず、集中して、厳格に実行されねばならず、思惟と行動は絶えずわれわれの世界観の原則に合わせられなければならない」という指示で、ユットナーはこの命令を結んでいた。目標は「武装SSの政治的兵士[*55]」であった。ヒムラーも丁度一週前の武装SS・ヒトラー親衛旗の将校たちに向けた演説の中で「政治的兵士」を口にしていた。[*56]

対仏戦勝利後の世界観教育

武装SSは三九年の開戦以来、一九四〇年を通して成員五倍化を迎えつつあった。[*57]デンマーク、ノルウェー、ベルギー（フラマン）、オランダ等、ナチいうところの「ゲルマン諸国」の征服は、国防軍との充員競争に血眼になっていたSS主管本部に志願兵獲得のための新地平を開くものであった。四〇年春・夏には最初の多民族連隊「ノルトラント」（北国）「ヴェストラント」（西国）が編制され、一九四〇／四一年の世界観教育計画においても従来からの「民族」「ライヒ（ドイツ国）」「レーベンスラウム（生存圏）」のようなドイツ的テーマに加え、「あらゆるゲルマン民族の血縁共同体」「大ゲルマン帝国」が強調されるようになってくる。[*58]

折しもポーランド駐屯のさまざまな髑髏連隊を統合した新ポストの武装SS東部司令官に就任した

カール・マリーア・デーメルフーバーSS少将（一八九六年生まれ）は、異質な部隊兵士を「非妥協的国民社会主義者」へと錬成するときの、特に「精神的な方向づけ」の必要性について各指揮官に注意を促した。兵士の世界観教育の状態をやはり重大視していた一九四〇／四一年の冬南仏駐屯の別の髑髏師団司令官も、世界観教育将校ヴィルヘルム・フーアレンダー博士（一九〇一年生まれ）と共同で「剣と鋤《すき》」と題する「学習のための通信」を仕上げた。その序を書いたアイケは、「大ドイツ帝国」の幸運な将来を保証してくれる生の法則として、健全な農民分子と血の純化、態度と人品の試金石としてのドイツ東方ならびに剣と鋤の重要性をあげて、その定義を「我らが世界観の担い手たるとは、肉体的・心的・精神的—全てをなすことである！」という標語に集約していた。[*59] この時点で対ソ攻撃は極秘事項であったから、ここでは英国が主敵として呈示され、それとの絡みで、ユダヤ人（諸民族の寄生虫）、フリーメーソン、マルクス主義、自由主義、教会が精神的諸敵のレッテルを貼られていた。

こうした動向にもかかわらず、対敵情報将校フランケ＝グリックシュSS大尉（一九〇六年生まれ）は、SSの世界観教育の処理方法に満足せず、たとえば陸軍参謀本部第三将校のごとき統一的な真の「指導」を欠いては、この活動分野は「部隊の血液循環」に浸透しえないと批判、依然として支配的な、部隊指揮官と学習指揮官の二元主義を最終的に克服することが重要であることを強調していた。[*60] 結局のところ、訓練・世界観教育の活動が実を結ぶとみなされていたのは、多くの軍功が実現されたときであり、「最高に覚悟ができ、危機においても全く動揺しない無私の狂信的な政治的兵士」という理想型はそのときはじめて達成されるとされていたのである。

フェーゲラインの世界観教育重視

しかしヒムラーやユットナーが命令を発する前に、武装SSの根幹のところで注目すべき動きが見られた。一九四〇年八月一日の指令でヘルマン・フェーゲラインSS第一髑髏騎兵連隊司令官は、SS全国指導者ヒムラーが、部隊指揮官への直接影響力行使により、世界観を兵士における最大最高の価値としていることを根拠に、どんなことがあろうとも週一回は「明確なテーマ」で世界観の授業をおこなうように自己の傘下のSS騎兵中隊に命令を発していた。さらに少なくとも月一回はSS騎兵大隊指揮官自身も授業参加の必要があるとしていたのである。[*61] すでに四〇年春に彼のところに上がってきた各騎兵中隊の報告は、世界観教育がいかに不規則で稀にしかおこなわれていないかを伝えていたからであった。[*62]

フェーゲラインはさらにユットナーの九月命令も下部にそのままの形では伝えず、SSの伝統的な要請であったモットー、《世界観を「生きる」こと》を訴えた。しかも週に一回（中隊）、月に一回（大隊）でも十分でないとし、世界観教育は「何時でも何処でもなされねばならない」ことを強調していたのである。[*63]

当時フェーゲラインの指揮するSS騎兵部隊の活動の中心は、ポーランドにあったが、ユダヤ人を筆頭対象に、さまざまな大量強制移送や殺害をすでに展開していた。フェーゲラインの部隊がかかる作戦行動をなしえたのは、ヒムラーに絶大な権限が与えられていたことによる。三九年十月七日にヒトラーはSS全国指導者兼ドイツ警察長官のヒムラーをさらに「ドイツ民族強化全権」(大臣相当)に任命し、東方における民族新秩序計画の策定・実施、わけてもスラヴ系の人びとの排除・強制移住とドイツ人あるいはまた民族ドイツ人(ドイツ国籍をもたない在外ドイツ系民族)の入植政策を委任した。要するにヒムラーに対して東方の民族集団・住民集団の再定住・移住の実施について全般的権限を与えた、ヒトラーの同日指令の第一条第二項は「ドイツ国家および民族共同体にとって危険をなすような異質な部分の有害な影響力を排除」する権能を「ドイツ民族強化全権」に認めていた。これは婉曲な表現ながらヒムラー(さらにはハイドリヒたちSS保安部やゲスターポ)に大量強制移送・殺害の実行権限を与えるものだったのである。*64

第3章
ソ連ユダヤ人の絶滅と武装SS

〈扉写真〉

射殺されるユダヤ人（1941年，リトアニア *Topographie des Terrors* Berlin 1987）

1　バルバロッサ作戦の始動

厖大なユダヤ人犠牲者

一九四一年六月二二日早暁、一五三個師団、三六〇〇両の戦車、航空機二七〇〇機、三六〇万人の兵力をもって、宣戦布告なしにドイツはソ連に攻め込んだ。史上未曾有の規模だった独軍部隊は、攻勢開始当日、親衛隊、通常警察、現地対独協力組織各部隊と緊密な連携のもとに進撃しバルト海沿岸からベラルーシを経て南東ウクライナにいたる広範な地帯を急速に席巻していった。「敵は死んでいるかさもなければ捕虜になっているか、でなければならない」「空間を征服することは些末なことであって……包囲した敵の殲滅こそ戦闘の目的である」とされた。*1 不意打ちの電撃大攻勢であったから一進一退の激戦になるケースは当初少なく、すでにあらかじめ「殲滅戦争」に照準を合わせて準備計画していたナチ体制は緒戦からテロ政策を推進していったがゆえに、非戦闘員犠牲者の数が圧倒的で、一九四一年末には、成人男子のみならず女性や子どもを含め五〇〜八〇万人のユダヤ人を殺害した。一日になおせば毎日平均どんなに少なく見積もっても二五〇〇人、極大的にみれば四〇〇〇人をこえる生者を死者に変えていった。独軍の捕虜になったソ連軍兵士三五〇万人の死亡率の高さ自体も異常で、四二年春までに二〇〇万人が死亡、一日になおせば六〇〇〇人が毎日斃《たお》れていったことになる。[*2]

バルバロッサ作戦が、その開始前すでに道義性をかなぐり捨てた無法の性格を刻印され、形式的には戦時法規に従ったそれまでの戦争と著しく様相の異なる戦争となる起点は、ヒトラーの国防軍統合司令部への四一年三月三日の秘密の指示に求められるのが普通である。この日作戦部長ヨードルが国防軍の投入原則をヒトラーに示すとヒトラーは、「来るべき今次遠征は、もはや単なる武器をもっての戦争にとどまらず二つの世界観の激突にも導くものである。……これまでの国民抑圧者たるユダヤ＝ボルシェヴィキ知識人は除去されねばならない」と強調、ヨードルも「ボルシェヴィキの頭目とコミッサール〔ロシア共産党から派遣された部隊付き委員（政治将校）〕をただちに抹殺するのに私も賛成です」と応じている。[*3] 二日後兵站部総長（参謀次長）ヴァーグナーは、ヒトラーおよびヨードルの指示に即応させ陸軍参謀総長ハルダーに、行政は軍の負担になってはならず、親衛隊全国指導者（ヒムラー）に特別委任するという案を伝えた。

世界観戦争と軍

四一年三月一三日国防軍統合司令部は、「陸軍の作戦領域においては総統の委任にもとづき親衛隊全国指導者が政務行政準備の特別任務を帯びる。二つの相容れない政治体制が最終的に決着をつけるこの戦争から生ずる」《特別任務》を、ヒムラーが「独立に自己の責任において」実行することを承認した。[*4]

三月二六日「保安警察の特別行動隊（Sonderkommandos）〔これがすぐあとではアインザッツグルッペン（行動部隊）と呼ばれることになり、その下部単位が Einsatzkommando（行動隊）および Sonderkommando（特別行動隊）になる〕が自己の責任において行動すること」がヴァーグナーとハイドリヒの間で確認された。補給は軍から来るが、「住民に対する執行措置」に「特別行動隊」（行動部隊）を投入する命令はハイドリヒから来ることになったのである。命令内容は全て軍に伝えることとし、一月後のブラウヒッチュ陸軍総司令官との間の正式協定になった。[*5]対ポーランド戦の時とはことなり、このような協定の形で軍が認めたことで、ソ連地域では住民に対する大量虐殺を実行できる可能性が親衛隊に与えられ、人種的政治的に「望ましくない分子」を抹殺する、秘密国家警察（ゲスターポ）・親衛隊保安部を軸とした移動殺人部隊である行動部隊（アインザッツグルッペン）はじめSS諸部隊の跳梁が可能になったといえよう。

ヨードルやハルダーに対するヒトラーの言明を通じて共産党委員クラスの組織的殺害プランは軍指導部には全く疑いの余地がなくなっていたが、ヒトラーがユダヤ人とボルシェヴィキを等値していることも周知のことであった。三月三日の指示でヒトラーは、事実上「ユダヤ＝ボルシェヴィキ知識人の除去（＝抹殺）をはっきり言明していた。国防軍幹部の多くもこの考え方を共有していたといえよう。国防軍の対敵宣伝では「コミッサールおよび（共産）党アクティヴ（役員、積極分子）」に「まず汚いユダヤ人」を付加することも忘れなかった。[*6] この場合、ユダヤ＝ボルシェヴィキ知識人と共産党アクティヴを即刻射殺するといっていたのであるから、ソ連侵攻数カ月前に共産党員とユダヤ人を大量殺戮することになるのが判然としていなかったはずはないのである。しかも対ポーランド戦とちがって国防軍はより積極的な役割をになうことになった。

三月三〇日には、将官クラスの軍人二〇〇名を集めてヒトラーは二時間半演説し、これについてはハルダーが比較的詳細なメモを残している。「（対ソ戦は）二つの世界観の決戦である。ボルシェヴィキを絶滅する決意をすること。（彼らが）社会的犯罪集団にかわりないからである。共産主義は将来に対する巨大な危険。相手を同じ兵士と思ってはならない。共産党員はこれまでも今後も戦友などではない。これから始める戦争は絶滅戦争なのである。そう考えなければ、敵を打ち倒しても三〇年後再び敵と相対峙することになる。我々が戦争を遂行するのは敵を保存するためではない。

（中略）

解体の毒を根絶する戦いが必要である。これは軍法会議の問題ではない。部隊指揮官は何が重要か弁えねばならない。……部隊は攻撃される手段で防衛しなければならない。コミッサールとGPU（内務人民委員部＝秘密警察）の輩は犯罪者であり、それ相応の取扱をしなければならない。戦いは西方の戦いと峻別せねばならない。東方において苛酷さこそ将来を緩和させるものなのである」[*7]。

一九四一年五月一三日の総統布告においては、ドイツ軍に向けられたソ連民間人の犯罪行為は軍法会議によってではなく、直接被害に遭った部隊自身によって報復しうるとする一方、ソ連住民に対するドイツ軍兵士の犯罪行為はドイツ軍部隊の風紀・治安保持上どうしても必要とされる場合だけ軍法会議が扱うとしたのであった。[*8] ここには、「ユダヤ＝ボルシェヴィキ世界観の担い手」の抵抗を独国防軍は予期せざるをえないから、「ゲリラとして敵対行為に参加しまたは参加せんと欲する住民は戦闘中また逃亡中の廉で射殺しなければならない」とした、陸軍法務担当責任者オイゲン・ミュラー中将の意向が強く反映されていた。[*9] この間バルカン半島における戦争に部隊と時間を費して当初は五月一五日とされながら延引されていた攻撃開始日は、六月二二日と決定された。六月六日には、開戦後獲得されるはずのソ連軍兵士捕虜から共産党委員を見つけしだい直ちに殺害せよという命令（＝「コミッサール指令」）が発せられた。[*10] 以上の犯罪的秘密指令も、三月来のヒトラーひとりの判断に基づくと従来どおり解するより、この犯罪的絶滅戦争に軍そのものが積極的決定的にコミットせんとした点にこれまで以上の注目が必要であろう。

2　行動部隊（アインザッツグルッペン）の展開

殺害対象

数百万の国防軍に比較すれば、行動部隊の人員の数は総勢で約三〇〇〇人とごくわずかな規模のも

3　**オーレンドルフ**（Herausgegeben von Reinhard Rurup Topographie des Terrors 1987）

のにすぎないが、看過できない要素を多々含んでいたといえよう。行動部隊Ａ（指揮官ヴァルター・シュターレッカー、九九〇名）、行動部隊Ｂ（指揮官ネーベ、六五五名）、行動部隊Ｃ（オットー・ラッシュ博士、七〇〇名）、行動部隊Ｄ（指揮官オットー・オーレンドルフ、六〇〇名）と、ＡＢＣＤ四つの部隊から構成されたこの行動部隊は、組織的殺害をバルト諸国方面で早速開始し、ベラルーシでは六二八にのぼる数の村落を襲撃対象にし、ウクライナではキエフに近いバービー・ヤールの谷で行動部隊Ｃ所属第四ａ特別行動隊が二日間にわたって三万三七七一名を殺害、対ソ戦開始後四一年末までの約半年間に少なくとも五〇万人に近い数のユダヤ人を射殺した（内訳は、行動部隊Ａの犠牲者二四万九四二〇名、Ｂの犠牲者四万五四六七名、Ｃの犠牲者九万五〇〇〇名、Ｄの犠牲者九万二〇〇〇名）。ちなみに行動部隊Ａの主な人員構成は、武装親衛隊三四〇名、ＳＳオートバイ兵一七二名、保安部員三五名、刑事警察四一名、ゲスターポ八九名、補助警察八七名、普通警察一三三名、通訳五一名、女性職員一三名を含む行政職員・秘書・通信員等四五名であった。[*11] この行動部隊の構成そのものが、第三帝国のＳＳと警察の重大な融合史そのものをある意味では象徴していたといえよう。[*12]

開戦の二週間後、独国防軍は快進撃を続け、北方軍集団はペイプス湖の東をレニングラードへ向かっており、中央軍集団はドニエプルを渡河、南方軍集団はシトミルの東をウクライナの奥深く進んでいた。三週目に入った七月はじめに独陸軍司令部は、投入された赤軍八九個師団一六四大部隊の半分以上を粉砕したとみなしうるとした。[*13] ビヤウィストク、ミンスクの包囲戦で中央軍集団は、三二万人の赤軍兵士を捕虜にし、七月三日にはスターリンがラジオ放送を通じて抵抗を呼びかけパルチザン部隊の形成を呼号した。四つの行動部隊が最初殺害の対象にしたのは、党と国家の職についているユダヤ人を中心に九〇パーセントが成人男子ユダヤ人犠牲者であった。それはハイドリヒが七月二日絶滅すべき潜在的敵として指定していたとおり、行動は四人の親衛隊・警察高権指導者に国家保安本部の任務を確認した指示[*14]に基本的に従うものだった。三週間後には軍事的勝利が手に届くほどの距離にあるようにみえ、国民啓蒙宣伝大臣ゲッベルスも日記の七月一五日の項には、「東方戦争は勝ったも同然というのが総統の観点だ」とある。[*15]

パルチザン掃討作戦の中味

翌七月一六日、ヒトラーは四カ年計画全権ゲーリング、東方占領地域相ローゼンベルク、ナチ党官房長ボルマン、内閣官房長官ラマース、国防軍統合司令部長官カイテル等この戦争にかかわる政軍の重要な面々を招集してソ連の今後の占領政策について協議した。会議も全体的に勝利は間違いないという雰囲気で、冒頭ヒトラーは、征服さるべきソ連全領域に関して「巨大な菓子を手頃に切り分けるのが基本的に重要な課題になってきている。第一に支配し、第二に統治管理し、第三に搾取するためである」と述べ、ボルマンの覚書によればヒトラーは「途方もなく広大な空間を可及的すみやかに平定する必要がある。これを可能にする最良の方法は、我々を不信の目でしか見ないあらゆる輩を射殺することだ」とも述べている。[*16]「ソ連の人間は、思い知らねばなりません。職分を果たさない者は射殺され、悪事・違反行為は追及されることを」とカイテルも述べているが、これらは殺害政策正当化のための口実であり偽装であった。したがってスターリンが呼号したパルチザン戦争も渡りに船であり、ヒトラーにいわせれば「それはドイツに敵意をもつ者全員を皆殺しにできる絶好の機会を我々に与える」ものになったのであった。[*17] ヒトラーはソ連ユダヤ人の殺害をひとことも口にしていないが、続く数週間の親衛隊・警察と国防軍による大量殺戮がいかなるロジックとどのような正当化を前提にしていたか、会議全体が物語っていたといえよう。

国防軍統合司令部は、七月二三日占領軍部隊に対し「反抗したいという気持ちを住民から全て奪ってしまうのにもっぱら適した恐怖」を撒布浸透させる指令を発した。[*18] 同日陸軍オイゲン・ミュラー中将は、治安状態困難、「ユダヤ=ボルシェヴィキ体制担い手の煽動唆し作用に鑑み、抵抗のどんな兆候も撲滅するためには武器で容赦なく敵を殲滅すべしという指令を同日出した。解体赤軍部隊兵士は、一定期間は届出を認めても期間を過ぎれば「パルチザン」として射殺するし、「パルチザン」やくだんの赤軍兵士を助ける者も死刑に処する、とした。[*19]

この時期にはウクライナのシェペトフカで第四五警察大隊がユダヤ人女性・子どもも多数男性とともに殺害した。[*20]行動部隊Aの第三行動隊は、七月二三〜八月二日に計一七三名のユダヤ人女性を射殺した。[*21]四一年七月三一日には軍備の総責任者四カ年計画全権ゲーリングがハイドリヒを「ドイツのヨーロッパ勢力圏におけるユダヤ人問題全面解決準備全権」に任じ、ポーランドとソ連で展開しつつあった事態を、総体的に解決する任務を委ねた。[*22]この委任の歴史的位置づけをめぐっては、絶滅に関する決定的委任とみる見方と、それまでのゲーリング＝ハイドリヒ関係を踏まえ、すでに長期のやりとりのコンテキストを考えればこれ自体を重大視する必要はないという見方に分かれているが、ここでは、とにかくこの時期ナチ体制指導部内でユダヤ人問題の取扱について具体的決定を目指していたことを示唆するものであった。

3　プリピャチ沼沢地掃討作戦とＳＳ騎兵旅団

ヒムラーの到来

ヒムラーは七月一六日の会議には参加していなかったが、翌日にはヒトラーから指令が出され、[*23]東方占領地域の警察による治安に関しては民政指導部に指示を与える権限がヒムラーに与えられ、名目上ローゼンベルク大臣に従わねばならないSS警察高権指導者も「警察的」任務についてはヒムラーへの直属を実質上承認された。七月一九日ヒムラーはSS第一、第二騎兵連隊にバラノヴィチェへの出動を命じ、「プリピャチ沼沢地帯の徹底的掃討」のために当地に派遣されていたSS警察高権指導者フォン・デム・バッハ゠ツェレヴスキの命令下に入るよう指示した。*24 部隊投入のために両連隊はフェーゲラインの一括指揮下におかれ事実上一騎兵旅団となった。*25 七月二二日ヒムラーはSS第一旅団にレンベルクへの出動を命じ、旅団はウクライナのイェッケルン指揮下に入った。*26

中央軍集団も南方軍集団も広大なプリピャチ沼沢地帯を避けて進撃していたため、強力なソ連軍部隊がまだ残存していたが、これを当初過小評価した両軍集団の進撃を七月半ば以降脅かしはじめた。しかし中央軍集団は部隊を打倒のために回す余裕はなく、南方軍集団は、この地帯で単独に作戦展開しているソ連第五軍を西部と南部で攻撃しようとしたこころみも成功していなかった。*27 したがってヒムラー司令幕僚部麾下SS旅団の増強派遣は軍に大歓迎の動きだった。

すでにヒムラー司令幕僚部幕僚長クノプラウフは、七月七日ビアウィストクに赴き、当地の独国防軍リューベザーメン大将、マックス・フォン・シェンケンドルフ幕僚長（すぐあとに陸軍背面地域ベラルーシ司令官就任）やバッハ゠ツェレヴスキと協議してSS旅団の即刻投入に同意していた。翌日にはヒムラーが直々にビヤウィストクに到来してシェンケンドルフおよびバッハ゠ツェレヴスキと会い、直接武装SSの投入について話した。*28 マックス・フォン・シェンケンドルフは、一八世紀末から一九世紀はじめにかけて駆け抜けるように生きた、とりわけ対ナポレオン解放戦争を詠った有名な軍人詩人と同名で、その末裔（一八七五年生まれ）であるが、四一年七月七日には当地ユダヤ人の星印着用を義務づけ、同年九月には「ユダヤ人は絶滅しなければならない」と進言した軍人として知られる人物である。[*29]

ヒムラー到来四日後、第三一六、第三二二警察大隊はビヤウィストク郊外で約三〇〇〇人のユダヤ人男性を射殺した。傘下部隊が実行した普通警察は、これらユダヤ人が「略奪者」として活動した廉を殺害の口実としたのであった。これはすでにポーランドで頻繁に使われたレトリックであったが、騎兵旅団投入で再び重大な意味を帯びてくる。

SS第一旅団への進発令を発する直前の七月二一日レンベルクにやってきたヒムラーはカール・フォン・ロク南部軍背面地域司令官ならびにイェッケルンと会い、部隊投入について協議した。[*30] ロクの戦時日誌によれば、会談で「ユダヤ人問題」も言及された。[*31] その北ではシェンケンドルフ中央軍背面地域司令官がSS騎兵連隊による「プリピャチ沼沢地帯掃討作戦」支援を期待していた。イェッケルンとバッハ゠ツェレヴスキの二人のSS警察高権指導者が軍とヒムラーの諸部隊を媒介する役割を果たしていたともいえる。

ユダヤ人問題の「根本的解決」と女性・子供の取扱い

ヒムラーは旅団に対して「より重大な使命」を果たさねばならぬとしていた[*32]が、司令幕僚部の敵偵察・防諜課長ルードルフ・マイSS大尉は、一九四一年七月二〇～二三日ベラルーシやバルト海沿岸諸都市の査察途次、国防軍や行動部隊A・Bの幹部との協議を経て、ソ連・ユダヤ人に対するドイツ側の処断をめぐり「(兵役可能な)ユダヤ人男性だけをいくら多数射殺してもそれだけでユダヤ人問題の根本的解決にはたしてなるのか、関係者の間では疑問視されている」と報告していたのが注目される[*33]。マイのこの表現は、ソ連占領機関のさまざまな部署が一九四一年夏、ことに七月後半「ユダヤ人問題」の「根本的解決」にいかに強い関心を抱いていたか、裏づけるものともいえよう。

バラノヴィチェに騎兵旅団グループが到着した七月二七日、同地においてクノプラウフ、バッハ=ツェレヴスキ、フェーゲラインが会合し、クノプラウフからはヒムラーの特別命令「騎兵部隊による湿地帯の徹底巡回・掃討の原則」が伝えられたが、軍事目標の打倒にはまるで言及がなく、「原則的に作戦行動計画が保安警察の報告・情報によることを確認し、核心部分は「地域住民といっても国家的観点からは敵対的で、民族・人種的に劣る者、あるいは湿地帯の場合頻繁にまさに該当するとおり入植犯罪者から構成されているのだから、パルチザンを支援する疑いのある者は全て射殺しなければならない。女性と子どもは搬送、家畜・食糧は差押え安全な場所に移すこと、村は徹底的に焼き払うこと」という命令であった[*34]。この命令にはユダヤ人の言及はないが、フェーゲラインの方は同じ二七

4 **独ソ戦争関係地図**（1941.6〜1942.8, 矢印はドイツ軍の主な進路）

日「軍背面地域を平定するためには、平服のロシア軍兵士、略奪者、並びに武装した、あるいはサボタージュをおこなう住民」は、「即決裁判」で銃殺に処すとしながら、「元犯罪者から成る村・村落は容赦せず全て根絶する。ユダヤ人の大部分は略奪者として扱う。例外をなすのは、ただ専門労働者、パン焼き職人、なかんずく医師だけである。女・子どもは家畜とともに廃墟となった村から駆逐しなければならない」とはっきり述べていた。[*35]

例外を除けばユダヤ人男性全ての殺害を騎兵たちに指示しており、これは当時行動部隊がハイドリヒから獲得していた命令をはるかに超える内容であった。女性・子どもの取扱いについても拡大解釈を可能にするような内容だったといってよいが、フェーゲラインは、「SS全国指導者」(ヒムラー)からプリピャチ地域住民の扱いについては特別の示唆を獲得している点を強調した。*36 七月三一日、オストラント全権ローゼとラトヴィアのリガで協議していたヒムラーは、午後は再びバラノヴィチェに飛来し、翌日付けの指令で親衛隊第二騎兵連隊(武装SS所属)に対し「全てのユダヤ人男性を射殺し、ユダヤ人女性は沼へ駆り立てねばならない」という命令を下した。*37 ヒムラーは女性を殺害対象から外したのではなく、女性射殺経験が兵士のトラウマになるのを望まなかったと思われる。女性をどう扱うのか、いまひとつ明らかでなかったヒムラーの命令を、大隊指揮官のグスタフ・ロンバルトは、性別・年齢の別なく物理的に根絶するという意味に受取り、「非ユダヤ化(Entjudung)」をその意味で頻用し、多数の村々の「非ユダヤ化」の成果を誇った。*38 沼が浅く子どもが溺れないよう母親が子どもを掲げようとした場合、機関銃でもろとも薙ぎ倒したというような事例も少なからずあったであろう。フェーゲラインはヒムラーに、八月一日までに七八八名を殺害しました、と報告していたが、ヒムラーは数の少なさに不満であったという。*39

統括責任者のバッハ゠ツェレヴスキはヒムラーに(毎日必ずといってよいほど、日によっては何回も)累積射殺者総計を、八月二日、一八二六名、八月三日(夜)三二四二名、八月五日、四二一九名、八月七日（正午）、七八一九名、八月八日、一〇四一二名、という具合に報告した。[*40] フェーゲラインはバッハ＝ツェレヴスキに射殺ユダヤ人・「平服兵士」として八月一一日、一万八四四名、八月一三日、一万三七八八名と報告した。損害は地雷を踏んだ二名、負傷者一五名。フランツ・マギルとグスタフ・ロンバルトは自らの指揮下大隊が射殺したユダヤ人の数を、それぞれ六四五〇名、六五〇四名としていたが、殺害された赤軍兵士および共産主義者と思しき者が四八七名、捕虜二四九名であったから、殺害された集団の九割以上がユダヤ人犠牲者であった。[*41]

オストログの大虐殺

同時期SS第一旅団の方は七月二三日、部隊訓練地のデビカを出立、ロヴノ＝ツヴィアヘル街道南の森林に残存するソ連軍残存部隊がパルチザン活動に移ったことを確認。東へ抜ける地域の封鎖にも配慮しつつイェッケルンは、旅団の任務が全領域から残存敵を掃討しあらゆる村を徹底捜索することにあるとし、捕らえたコミッサールへの措置方と並んで、ユダヤ人住民に関しては、ユダヤ人の女スパイやソヴィエト兵に奉仕するユダヤ人の輩は目的に応じて取り扱うと命じた。[*42]

四一年七月三〇日、この作戦の最初の報告として、司令幕僚部は、武装SS第一旅団が、イェッケルンから「ソ連第一二四ライフル師団の残存兵士、武装匪賊、パルチザン、ボルシェヴィキ体制に手を貸している輩の拘束ないし殲滅」を任され、三日間自部隊に損害を出さず戦闘らしい戦闘も行わず、わずかの赤軍兵士を軍にひきわたすか射殺しただけだったが、「共産党とボルシェヴィキ・パルチザンを利した廉で、一六〜六〇歳のユダヤ人の男女を問わず約八〇〇名を射殺した」と殺害場所の名もあげず報告している。[*43] これは旅団兵士七〇〇〇名でもってユダヤ人男女を無差別に殺害したことを意味するといってよい。八月三日にはスタロコンスタニノフで同武装SS旅団の第八歩兵連隊第一・第二大隊が、ユダヤ人男性三〇二名、ユダヤ人女性一八七名を殺害した。[*44] 実行を見分したイェッケルンは演説し「現在の戦争に責任のあるのは、世界ユダヤ人である。ドイツ民族を生かしたくないと思っているからである。したがってユダヤ人を絶滅することが必要である」と述べた。SSの使命はまさにこのことにあるとしながら、ユダヤ人ひとりを引き据え強制的に赤旗をもたせ、自らの演説をこのユダヤ人の射殺で締括ったのである。[*45]

八月四日早暁第三大隊が住民二万名のオストログの町に向かった。ユダヤ教共同体に属した人は一万五〇〇〇人で、町人口の五〇パーセントを超えていた。[*46] 町でパルチザンがビラを撒き、独軍占領に対する抵抗を呼びかけている、またオストログの近くで独軍用車が襲撃され乗員が殺害された、と武装SS兵士には伝えられていた。五時に第一〇・第一一の二個中隊が町に侵入、だが兵士はパルチザンの狩りだしは行わず、家々からユダヤ人を引きずり出した。大隊指揮官は、総統の思し召しで健康回復をはかるべく病人と弱者を選び出しているところであると呼びかけたが、老人、子ども、患者だけでなく労働可能なユダヤ人成人男女八〇〇〇人が狩り集められ、町から郊外まで連れ出され、ウクラ

5 **射殺作戦**（ウクライナ、1942年、Richard Rhodes, *Die deutschen Mörder,* Belgisch Gladbach 2004）

イナ人によって掘られた長さ二五メートル、幅四メートルの巨大な穴の縁に次々に立たされ射殺されていった。

一人に二人の兵士が付き一名は後頭部を一名は心臓を狙って撃ち抜き、子どももいる場合母親の肩に乗せ母親ともども三人の兵士が撃つ形をとって射殺は繰り返された（銃殺隊の事前の兵員選定にあたって、殺害に堪え得ない者は遠慮無く申し出るようにという指示があり、一〇名ないし一五名が他の任務に回してほしいとの申し出があったという）。この間ユダヤ人は靴も下着も脱がされてそれらは補助ウクライナ人に配られた。そうこうしている間に国防軍将校数名が現場に現れ、差し迫って必要なユダヤ人職人まで殺害することの無意味さを指揮官に強調、四時間後に突如射殺行動は中止された。

この日少なく見積もっても二〇〇〇名が犠牲にされたオストログの大虐殺で、中心的な役割を果たした部隊指揮官エーミール・ザートアSS少佐について少し言及しておこう。[*47] 一九〇五年生まれのザートアは、三一年ナチ党に入党、即座にSSにも入隊し、三七年夏には、ヴァイマル-ブーヘンヴァルトで髑髏連隊「テューリンゲン」の将校として用いられ、さらにブラウンシュヴァイクのSS士官学校の戦術教官になっている。一九四一年一月には武装SS第一〇髑髏連隊に異動となり、夏に正式の戦時連隊への衣替えのあと第三大隊所属となって対ソ連戦に参加した人物である。彼は「狂信的」ナチ党員として知られていたが、部隊の兵士の間では第一級の「鬼将校」と呼ばれており、「サタン」というあだ名もたてまつられていた。[*48] オストログでは介入した軍将校たちにも喰ってかかり、殺戮中止をなかなか肯んじなかったという。[*49] 積極的にアンガージュしない、命令に忠実な軍人類型とは、まるで対極的な「SS将校タイプ」がこの場合感じられる。

この時死を辛うじて免れたユダヤ人含め、九月一日オストログで今度は独普通警察の部隊によって二五〇〇名が虐殺された。それでもなお生き残った人たちが押し込まれたゲットーは、最終的には四二年一〇月一五日に解体された。[*50] いずれにしても、武装SS第一旅団が七月末から八月半ばまでに殺害したユダヤ人はあらゆる年齢の男女両性にまたがっていた。

4　ホロコースト開始における武装SSの役割

殺害対象限定の実際

はじめてSSの組織全史[*51]（邦訳タイトルは『髑髏の結社』）をまとめた史家ハインツ・ヘーネは、行動部隊三〇〇〇人がソ連五〇〇万ユダヤ人を一掃した、という見方を示しているが、ドイツ国防軍が征服した地域のユダヤ人は四〇〇万人、しかもそのうち行動部隊の「歯牙」にかかることなくソ連支配領域へ逃れたユダヤ人も一五〇万人と見積もられ、約二五〇万人が殲滅される危険に直面したと考えられる。行動部隊Bの場合、四一年一〇～一二月の三ヵ月間で約四万五〇〇〇人を殺害しており、一日平均五〇〇名のユダヤ人が殺されたことになる。[*52] 緒戦の六ヵ月ほどで四つの行動部隊があげた「成果」は既述のとおりであり、相対的に少ない兵士数で、かくも多数のユダヤ人を殺戮しえたことだけでも驚愕させられる事実であるが、武装SS第一旅団やSS騎兵連隊の報告を注意して見ると、年齢や性の差異によらぬ無差別なユダヤ人ジェノサイドとしてのホロコーストの本格的始動の一端が垣間見えるように思われる。

四一年七月二日ハイドリヒが親衛隊・警察主権指導者 HSSPF たちに宛てた書簡で、行動部隊の「処刑」対象を「ボルシェヴィキの役員、過激分子、党・国家内の地位を占めるユダヤ人」とした際、ユダヤ・ボルシェヴィキないしユダヤ人エリート層に攻撃対象を文書の上では限定していたといえるが、他方で各地域の反ユダヤ主義を利用する意味でのポグロムの煽動も七月一七日に指示しており、ユダヤ人の特定の社会層に限らないことが示唆されていた。史家クリスティアン・ゲルラッハは、行動部隊Bに下された四一年八月一二日の命令等に注目し「ユダヤ人男性」一般がすでに殺害対象になっているとしながらも、独ソ戦最初の七週間ないし一〇週間は、まだ女性や子どもにまで拡大されておらず男性のみが「処刑」対象であったと結論づけているが[*53]、六月〜七月の段階で実際には必ずしも対象限定してないように思われる事例がすでに散見される。第九行動隊指揮官フィルバートによれば、独ソ戦開始直前すでにプレッチュあるいはまたベルリンでハイドリヒから、どのようにして実行するかは措いても、「東方ユダヤ人（ソ連ユダヤ人）を根絶しなければならない[*54]」という大枠命令は受け取っていたという。

なおSS旅団については、ここまで見てきたように、部隊投入のためヒムラーが現地へしばしば強硬日程でも直々にやってきており、彼の並々ならぬ計画性・利害関心を示すものであった。幅広い概念として、かなり拡大解釈も可能な地帯「平定」のために、二つの旅団合わせて一万一〇〇〇人をこえるSS兵士を用いたが、投入地域の規定の決定権を最終的に有するドイツ国防軍の方も、軍部隊の進撃を脅かし、補給路を危殆に瀕せしめかねない赤軍残存部隊の動きを撲滅せんとする武装SSの投入には多大な関心をもっていた。それはまた軍の保安利害と、天敵とされたユダヤ人住民に対する戦争との境界を事実上融解させていった。

赤軍残存部隊の撲滅がSS部隊投入の一面であったことはたしかで、指揮官のなかにはSS旅団の軍事的な価値のアピールに、熱心な者もいた。しかし自部隊側の損害はごくわずか、戦闘らしい激しい戦闘もそうそうはなく「赤軍兵士」の死亡数だけ数十名とか数百名と一方的に多い、ということは、拘束すると直ちに殺害するというようなケースが続いていたと推測させるに十分である。こうした例を除外すれば、部隊投入の本来の重心はユダヤ人住民の抹殺にあったという他はない。SS第一旅団は七月末から八月半ばまでに約七〇〇〇名のあらゆる年齢幅のユダヤ人を男女の別なく殺害し、騎兵旅団の場合はフェーゲラインの報告からも明らかだったように一万三七八八名を殺戮していた。

ヒムラーの指示と八月一五日の演説

ヒムラーは八月一二日にイェッケルンをラステンブルクへ呼びつけ、SS第一（歩兵）旅団の大量殺戮作戦の実行（不活発）について、SS騎兵旅団のモデルにならうよう促した。[*55] ヒムラーの指示がこの歩兵旅団だけの「問題」ではなく、ロシア南部SS警察高権指導者傘下の他の部隊にわたり、さらに全体作戦にもインパクトを与えるもので、イェッケルンが向き合わされたのも、全ユダヤ人住民を絶滅する原則指令だったに違いないのは、日誌のみからでは窺い知れないが、その直後の経過を辿ってみると明らかになる。シトミルに帰還したイェッケルンはヒムラーの委任の中身を直ちに行動部隊Cの指揮官オットー・ラッシュ博士に伝えた。そのためC傘下の各行動隊の殺人作戦はエスカレートしていった。[*56]

八月一四日ヒムラーはヒムラー幕僚部幕僚長カール・ヴォルフとハンス゠アードルフ・プリュッツマンを伴って、バラノヴィチェへ飛び、バッハ゠ツェレヴスキとフェーゲラインの出迎えを受けた。このとき、SS騎兵旅団のさらなる投入について、ロンバルド指揮下諸中隊のこれまでの実践の続行をヒムラーは求められた。ヒムラーが、昼の会食にSS将官の他、国防軍のシェンケンドルフ将軍も招いているのが注目されるが、[*57]午後は車でミンスクに向かい途中ラホヴィチェへ立ち寄った。そこには唯一の国防軍部隊として第二四八建設大隊第四中隊が駐屯していた。ヒムラーが立ち寄ることについては、SSの将校や下士官の大部分も知らされておらず、突然の現地登場は驚きを伴って歓迎されたという。そのとき、軍の建設大隊兵士にSSのある下士官は「今後事態は円滑に進むようになる。これからユダヤ人は肛門お開きさ!」と語り、ヒムラーがたった今、ヒトラー総統の命令について触れ、全ユダヤ人根絶命令が出たといったという。ヒムラーは、ユダヤ人をゲットーに集めるなどというポーランドでの過ちをもう一度繰り返したくない、疫病その他の病の温床はごめんだ、と語ったという。[*58]その翌日にはラホヴィチェで騎兵旅団の部隊による射殺隊が組織され、道路建設のため配置投入されていた三〇〇~四〇〇名のユダヤ人労働者の大部分も容赦されず、女性や子どももともども町から連れ出され殺害された。[*59]

ミンスクでも八月一五日午前中に、第八行動隊と第九警察大隊の兵士による銃殺が約一〇〇名のユダヤ人男性と二名の女性に対して実行され、ヒムラーは至近距離から実見したという。*60 ヒムラー自身、射殺シーンのこの検分で気分が悪くなったともいわれるが、とにかく直接の執行者たちにも心理的抵抗をひきおこしつつあるとして同日他の殺害方法の検討を国家保安本部刑事警察の責任者で行動部隊Bの指揮官ネーベに依頼した。ネーベはベルリンのKTIからSS少佐で化学専門家のアルベルト・ヴィートマン（一九一二年〜）とSS中佐で第八行動隊指揮官のオットー・ブラートフィッシュ（一九〇三〜九四年）博士の二人を召喚し、爆薬を使った実験をミンスクで、ガス車を使った実験をモギリョフで行わせた。モギリョフでは九月三日ネーベとロシア中央SS警察高権指導者エーリヒ・フォン・デム・バッハ＝ツェレヴスキSS大将とが協議した二週間後の九月一七日、一三時間弱で五〇〇〜六〇〇の「労働不能者」（ことにユダヤ人）がガス車に入れられて殺害された。翌日にはやはりヒムラーの委任にしたがいミンスク近郊ノヴィンキでも施設浴室を使った毒ガス実験がおこなわれ患者が殺害された。*61

この八月一五日射殺実行後の演説でヒムラーは、あらゆるユダヤ人の殺害が必要なことを説いたが、ラホヴィチェ同様ミンスクでも、ブラートフィッシュによれば、絶滅命令がヒトラーから直接ヒムラーに下された、と語ったという。*62 八月一六日午前ラステンブルクに戻ったヒムラーは長い昼食をヒトラーとともにし、八月一二〜一五日三人のSS警察高権指導者に殺戮作戦の飛躍的拡大、絶滅への質的転換を伝えたこと、その新たな展開がすでに始まったことをヒトラーに直接伝えたと思われるが、ソヴィエト・ロシアに展開している軍の各地域のSS警察諸部隊の責任者にも命令は伝えられていくことになった。例外はオーレンドルフ指揮下の行動部隊Dで、たまたまオーレンドルフがベルリンに飛んだおり、ハイドリヒから新状況を教えられたようである。[*63]

5 ホロコーストの始動過程——始まり方をめぐって——

七月末から八月末まで

ユダヤ人男性の殺害に手を染めていたSSの指揮官たちの中にも、女性や子どもまで殺すことを要求された段階で、第五行動隊のチーフ、エルヴィン・シュルツSS中佐、第六行動隊指揮官エアハルト・クレーガーSS准将、第七a特別行動隊指揮官ヴァルター・ブルーメSS中佐のように異動を求めた将校たちも存在した。[*64]だが、他方八月一二日シトミルでオットー・ラッシュが彼の傘下の一部部隊指揮官たちに殺戮の拡大について知らしめると、パウル・ブローベル麾下の第四a特別行動隊は二日後女性の殺害を始めた。第四b特別行動隊は同じ八月一四日無差別の大殺戮に移行した。[*65]行動部隊Aの第三行動隊は、七月末ユダヤ人女性の殺害も一部開始していたが、カール・イェーガーSS大佐指揮下でこの部隊は、八月一五、一六日両日、三二〇〇人のユダヤ人男性・女性・子どもを殺害した。[*66] ちなみにイェーガーは、四一年一二月一日までに計一万三七三四六名のユダヤ人を殺害したことを誇り、同日「私は、リトアニアのユダヤ人問題を解決するという目的が第三行動隊によって達成されたと断言できます。リトアニアには労働ユダヤ人とその家族を除いてもはやユダヤ人は存在しません」と述べたという。[*67] 行動部隊Dの第一一a、第一一行動隊が、八月はじめに数百名のユダヤ人男女を殺害したあと、第一二行動隊も無差別の殺戮に移行した。グスタフ・ノスケ指揮下のこの部隊は第一〇b特別行動隊とともに八月二〇日ドニエプル河畔で数百名のユダヤ人男性・女性・子どもを殺害した。[*68] さらに行動部隊Dの第八行動隊、第三二二警察大隊、イェッケルン傘下南部警察連隊も、投入地域のユダヤ人全住民の殺害に移行した。八月二六日、二八日、イェッケルン直属の司令部スタッフによって組織された「司令中隊」は第三二〇警察大隊に支援されて二万三六〇〇人のユダヤ人男女・子どもを殺害した。[*69]

こうして見てくると、各地のさまざまな事情や状況も相まって、ホロコーストが始動していく過程はある時点で一斉にというよりは、五月雨《さみだれ》的ともいえる経過を辿ったといってよい。個々の部隊への通達も、協議・確認を必要としたし、既述のごとく指揮官レベルでも自発的辞退者もいたわけで、ある程度選択的殺害から無差別の殺戮への移行にも時間を要し、その意味でも漸次的プロセスだったことは否めない。しかしソ連在住のユダヤ人を無差別に皆殺しにする実践は四一年八月には始まったことは全くもって明らかであり、しかも武装ＳＳ、司令幕僚部の二旅団の投入が決定的重要性をもっていたのは、ドイツ側で計画追求していたソ連・ユダヤ人の除去・根絶が大量射殺の方法による物理的肉体的抹殺によって実現・現実化されるという凄まじい現実を突きつけ証明した点にあった。旅団による実行に根拠づけられたこの認識によってはじめてヒムラーは八月中旬ヒトラーの了解も得て、絶滅政策をさらに具体化・推進していく地平に踏み出しえたといえよう。

SS警察高権指導者

また、ヒムラーと現地諸部隊とをつなぐ不可欠の調整的機関であった司令幕僚部と並んで、SS警察高権指導者が射殺作戦の全体過程に中心的要として関わっていた。ヒムラーとともに、バッハ＝ツェレヴスキとイェッケルンは、独自に旅団への指令を発することができたし、旅団の殺害作戦を監察し、下部旅団各部隊指揮官と協議しうる立場にあった。二人は決定的命令を発し武装SSの大量虐殺を監督査察しえたが、虐殺を急進化させるにあたっての彼らの中心的な役割については連合国側も見逃していなかった。英諜報機関は、独通常警察の電報暗号の解読に成功し、SS警察高権指導者たちの報告の内容も把握し、一九四一年八月二一日には「ロシア北・中・南部三地域の指導者たちは、《ベスト（最良）の》成果を求めて競い合っているようにみえる」と述べていた。*70

プリピャチ作戦では、国防軍とSS・警察の協力ぶりが示された。中央・南方軍背面地域では、SSの作戦行動は、軍の間に支持賞賛を見出したといってよい。フォン・ボック元帥は四一年八月三日、バッハ゠ツェレヴスキに電話をかけ、後者傘下部隊（といえば紛れもなくSS騎兵部隊）のあげた功績に祝詞を呈した。[*71] シェンケンドルフの場合は、しばしばSSとの協議そのものに直接参加し、投入地域命令をSS騎兵旅団に発し、しかも旅団の大隊指揮官、さらにはネーベ、ブラートフィッシュ、フェーゲラインに勲章を授与した。さらに旅団の日々報告も受けており、ホロコースト実行で「名を馳せた」ロンバルトには進講をさせ第一級鉄十字勲章を授けている。[*72] ユダヤ人絶滅作戦行動も支持し、わけても騎兵旅団各部隊の、不意打ち的な村落襲撃・占領、索敵方法を、模範的と賞賛し、一九四一年九月末にはフェーゲラインにパルチザン撲滅について軍に対する教程の機会を与えた。このときの標語はいみじくも「パルチザンのいるところ、ユダヤ人がおり、ユダヤ人のいるところ、パルチザンが存在する」というもので、バッハ゠ツェレヴスキやネーベにも講義を依頼していた。[*73]

このような発想の仕方は、ある意味ではナチ体制、なかんずく第三帝国軍指導部が独ソ戦前に対ソ連住民に対する飢餓政策を構想していたのに見合っていたといえよう。ドイツ軍がソ連占領区でとった現地調達主義の苛酷な食糧政策は、既述のように数千万の住民の餓死をあらかじめ前提にしており、実際食糧割当の最下位におかれたソ連軍兵士捕虜の場合、文字通り餓死するにまかされ、四一年一二月はじめまでに一四〇万人もの人びとが犠牲になった。独ソ戦全期間を通じてドイツ軍に捕らえられたソ連軍捕虜の総計五七〇万人のうち、生きて戦後を迎えられなかった人びとの数は、史家クリスティアン・シュトライトの調査によれば、三三〇万人にのぼる。死亡率が六割に近い、かかるドイツ軍の捕虜処遇は、世界近現代史上類をみないものであった。[*74]

軍と行動部隊の密接な協働を示す事例をさらにあげれば、四一年八月九日、行動部隊Cの第四行動隊と第六軍部隊は、シトミルで二人のユダヤ人に対し残虐な公開処刑をおこなったあと、四〇〇名をこえるユダヤ人を虐殺した。[*75] 武装SSが、ユダヤ人職人をはじめ強制労働に指定されたユダヤ人を射殺した場合も、軍はこれを黙認しており、関係が摩擦を生じることは稀であった。ツヴィアエルでは、軍のトラックでユダヤ人を射殺現場に運んでおり、軍の保安任務のコンテクストに属することがSS旅団や司令幕僚部の報告で自明の如くに語られた。

SSの側では、意識的に軍に対して、ユダヤ人住民に関しては殺人という目的を正当化し現地軍の支援と他住民の協力を得て摩擦無く実施できているという点を前面に出したが、現実には国防軍の軍事的利害関心と自らのイデオロギー的動機とを区別した。バッハ゠ツェレヴスキは、ユダヤ人殺戮を軍事的に重要だという論理構成が現実的内容をもっていないことを内部では強調した。個人的にはとりたてて好まなかったフェーゲラインについて、このSS警察高権指導者は軽蔑的な調子で日記に、「ロシア遠征をまるで一人で戦っているかのよう」だが、現実には「ただ報告を書いているにすぎない」、「プリピャチ地帯での部隊全投入の間旅団の損害はたった二人、それも地雷を踏んだにすぎないからだ」と述べていた。[*76]

軍の態度

大量射殺はオストログでの中止のようなケースもあったが、概して軍の間では、SS旅団のデモンストレーションで、現前の軍事的効果がなにより重要であるとされ、それには大量虐殺も伴うと、ポジティヴに記憶にとどめられる場合が少なくなかった。シェンケンドルフの場合は、これまでヒムラーが直接まだ表敬訪問しえないことを頻りに残念がり、ロシア中部管轄地域でのSS警察諸部隊の投入は賞賛に値すること、軍と警察の協働は素晴らしいに尽きることを知らせようと、讃辞を呈してのヒムラーへの取り入りに余念が無いほどであった。最初のSS騎兵旅団投入時に「ユダヤ人のおさえこみによって区域は平定されたものとみなしてよい」としていたのであった。[*77]

また南部のSS第一歩兵旅団投入に対する第六軍の反応もさしてかわらなかった。イェッケルンが旅団の「掃討作戦」の成果を軍に伝えたとき、一六五八名のユダヤ人を銃殺した数字まではっきり明らかにしていたが、第六軍参謀長のハイム大佐は「心からお祝い申し上げる」という添え書きをしていた。[*78] ツヴァイエルではSS第八歩兵連隊の大量射殺に陸軍の兵士も積極的に参加し、またシトミルでの公開処刑の観衆のの中に国防軍兵士がたくさん混じっていたように、SSの犯罪行為を軍は正確に知っていた。ライヒェナウ将軍は、一九四一年八月一〇日、SSの射殺作戦への軍兵士の自発的参加、参観、写真撮影を禁止する命令を出す一方、SSからの要請があれば、殺害作戦地域の封鎖に軍が協力するのにやぶさかでないことも表明していた。[*79] 第六軍司令官ライヒェナウ自身いかにSSの行為に同意していたかは、同じ命令の中で大量殺戮を「犯罪分子、共産党員（ボルシェヴィキ）、ユダヤ人のほぼ全てに対する必要な処刑」としていた点にも明らかであった。

同じライヒェナウは二ヵ月後の四一年一〇月一〇日、より明確な命令を発しており、今回のドイツ軍による「ユダヤ・ボルシェヴィキ体制打倒の遠征の本質的目標は、この体制の権力体制を解体し、ヨーロッパ文化圏におけるそのアジア的影響力を抹殺することにある」、したがって戦争の「歴史的任務は、これを最後に、ドイツ国民をアジア的ユダヤ的危険から永遠に解放することにある」としていた。そして「経験に照らせば、わが軍の背後における攪乱蜂起の火付け役はきまってユダヤ人」だから、「ロシアにおけるドイツ国防軍の安全を保障する」ためには「狡猾で残忍なこの異人種を容赦なく根絶しなければならない」としていた。したがって武装ＳＳによるソ連ユダヤ人絶滅政策は、その本格的開始後二ヵ月後には、ドイツ国防軍の戦争政策にもなっていたのである。[*80]

第４章

ＳＳ医師たちの犯罪

――アウシュヴィッツと武装ＳＳ

〈扉写真〉

アウシュヴィッツ・ビルケナウ絶滅収容所の「クレマトリウム」Ⅳ（Fritz Bauer Institut, *Auschwitz-Prozess 4Ks2/63 Frankfult am Main*,Köln　2004）

1　医師・武装SS・軍・企業

戦犯裁判とホロコースト

武装SSのホロコーストにかかわる犯罪行動については、二つの問題の側面から追究していく必要がある。一つは、前章でみたようなSS・警察高権指導者の指揮下、被占領ソ連を中心に展開された武装SS部隊による射殺作戦の問題である。いま一つは、絶滅収容所で大量虐殺に用いたガスの開発およびそれによる人体実験、また「殲滅」実行の問題である。前者の問題の射殺作戦については、近年「アインザッツグルッペン」（行動部隊）のユダヤ人殺人作戦（Aktion）の側面は少しずつようやく明らかにされてきているが、武装SSのホロコースト作戦行動について、そもそもきちんとした照明が当てられていなかったという問題動向をふまえて筆者なりに第3章で展開整理したつもりである。後者についても解明をなお待っている問題は多いし、やはりホロコーストのかかる局面と武装SSの関係自体が闡明されていないといわざるをえない。そこでまず、戦後のニュルンベルク裁判および各占領区での戦犯裁判がこれまでどれほどこのガス殺について明らかにしえたのかというところから再吟味してみたい。

一九四六年三月一一日シュレスヴィヒ＝ホルシュタイン州で英軍の軍事保安警察に逮捕されたアウ

6 **カルテンブルナー**（*Topographie des Terrors*, Berlin 1987）

シュヴィッツ収容所長ホェースSS中佐は、すでにその五ヵ月前から審理が開始されていたニュルンベルク国際軍事裁判の四月一五日の法廷に証人として出廷し、裁判官や被告をはじめとする直接の裁判関係者のみならず報道陣を含む傍聴人を震撼させるヨーロッパ・ユダヤ人絶滅政策の諸事実を明らかにした。

「私がニュルンベルクへ来たのは、（元国家保安本部長官）カルテンブルンナー被告の弁護人が彼の免責証人として私（の出廷）を要求したからだった。だが、よりによってこの私がカルテンブルンナーを赦免させるべきだ、と思ったことなど絶対ない」*1 とホェース自身、（四八年にポーランド・アウシュヴィッツで処刑される前に）書き残した書簡の中で述べている。弁護人は、カルテンブルンナーの前任者ハイドリヒ（四二年プラハで殺害された）のホロコーストへの決定的関与・責任が否定できないとしても、後を継いだ国家保安本部長官カルテンブルンナーが、アウシュヴィッツにはでかけたことがないという事実をもって、ユダヤ人絶滅政策について直接知らなかったことにしようとして、元所長のホェースの証言を傍証にしようとしたのであった。ホェースは、こうした弁護側の事実

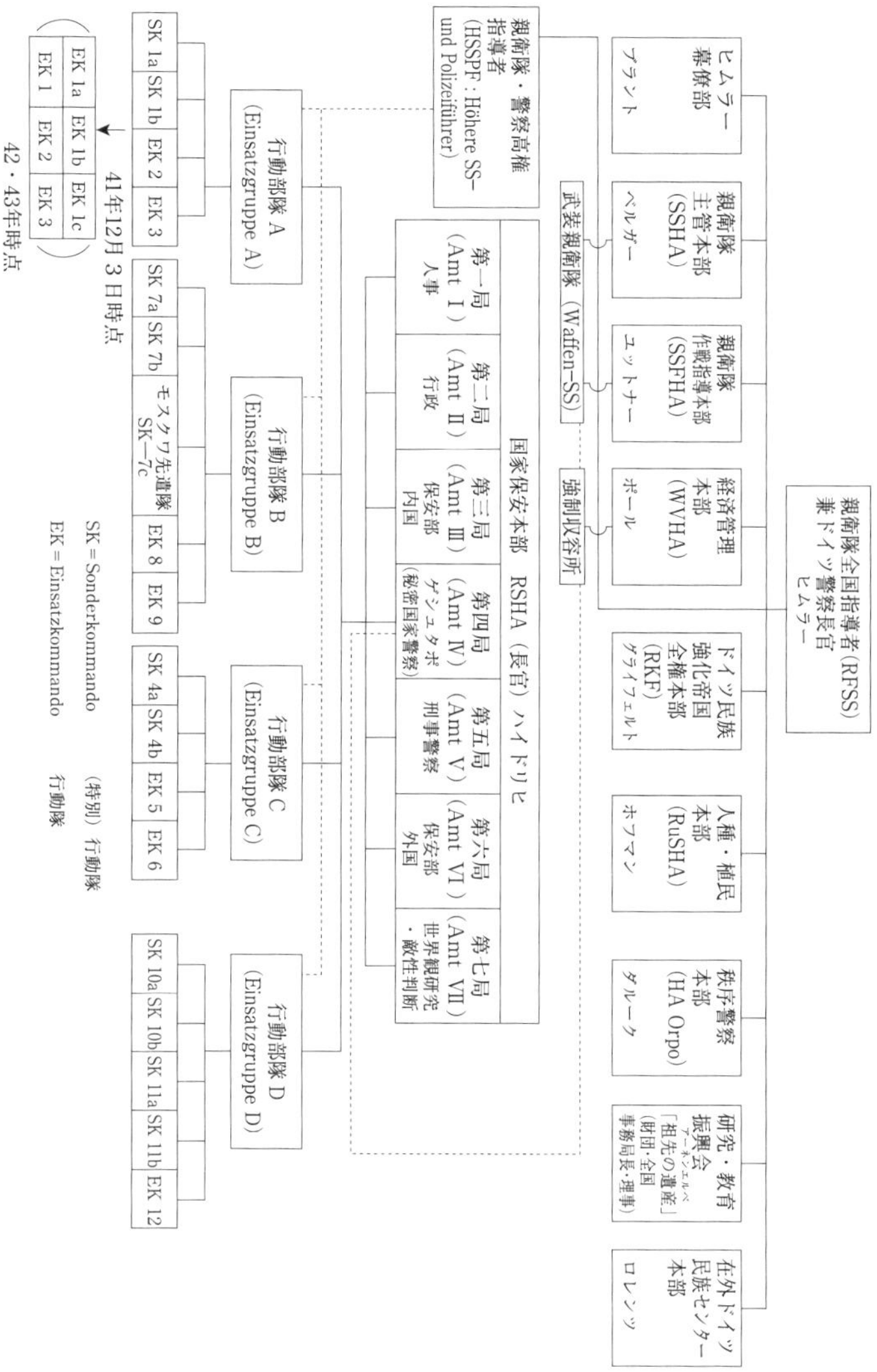
親衛隊全国指導者(RFSS)
兼ドイツ警察長官
ヒムラー
ヒムラー幕僚部
ブラント
親衛隊主管本部(SSHA)
ベルガー
親衛隊作戦指導本部(SSFHA)
ユットナー
経済管理本部(WVHA)
ポール
ドイツ民族強化帝国全権本部(RKF)
グライフェルト
人種・植民本部(RuSHA)
ホフマン
秩序警察本部(HA Orpo)
ダルーゲ
研究・教育振興会「祖先の遺産《アーネンエルベ》」
(財団・全国事務局長・理事)
在外ドイツ民族センター本部
ロレンツ
親衛隊・警察高権指導者
(HSSPF：Höhere SS- und Polizeiführer)
武装親衛隊（Waffen-SS）
強制収容所
国家保安本部 RSHA（長官）ハイドリヒ
第一局（Amt Ⅰ）人事
第二局（Amt Ⅱ）行政
第三局（Amt Ⅲ）保安部 内国
第四局（Amt Ⅳ）ゲシュタポ（秘密国家警察）
第五局（Amt Ⅴ）刑事警察
第六局（Amt Ⅵ）保安部 外国
第七局（Amt Ⅶ）世界観研究・敵性判断
行動部隊 A（Einsatzgruppe A）
SK 1a SK 1b EK 2 EK 3
41年12月3日時点
EK 1a EK 1b EK 1c
EK 1 EK 2 EK 3
42・43年時点
行動部隊 B（Einsatzgruppe B）
SK 7a SK 7b モスクワ先遣隊 SK—7c EK 8 EK 9
行動部隊 C（Einsatzgruppe C）
SK 4a SK 4b EK 5 EK 6
行動部隊 D（Einsatzgruppe D）
SK 10a SK 10b SK 11a SK 11b EK 12
SK = Sonderkommando （特別）行動隊
EK = Einsatzkommando 行動隊

7 SS組織図

糊塗をなじるかのごとく、ユダヤ人殺戮がＳＳ全国指導者兼ドイツ警察長官ヒムラーの直接命令によっていた事実や、国家保安本部の関与等組織系（図７参照）の問題はじめ弁護側には致命的な証言を開陳したのである。

この審理のひと月後に米検察機関からホェースは再度、ニュルンベルク継続裁判とのかかわりで尋問を受けた（一九四六年五月一五日〜二〇日）。ニュルンベルク裁判に関しては、日本では特に、一三開廷された裁判のうち、米英仏ソ四ヵ国による最初の「ニュルンベルク国際軍事裁判」のみが従来歴史研究の対象とされ、東京裁判との比較ももっぱらこの国際軍事裁判のみが引照されるだけで、この国際軍事裁判終了直後、同じニュルンベルク裁判所で順次開廷されていった、米軍政府による一二のいわゆる「ニュルンベルク継続裁判」については、十分な紹介や本格的検討がなされてこなかった。こうした問題状況はドイツそのものにも大なり小なり存在した。継続裁判で特に追及の対象になったのは軍の将官や経済界・大企業の幹部であり、継続裁判審理と重なって出来した新状況《冷戦》下、米英はこうした人びとの犯罪追及を徹底化できなくなる局面を迎え、その後継続裁判自体の歴史的記憶も、継承されたとはとても言い難い状況のまま今日まできてしまった面があるのだが、いずれにしてもホェースが、再度尋問を受けたのは、「ポール裁判」（全強制収容所運営・経営に責任を有したＳＳ経済管理本部長官オズヴァルト・ポールはじめ組織幹部を追及した裁判＝ニュルンベルク継続裁判第四号事件）、および「イー・ゲー・ファルベン裁判」（アウシュヴィッツ第三収容所モノヴィッツに巨大なプラントを併設し囚人の大量強制労働また奴隷的労働による酷使をベースに暴利を得た当時世界最大の化学コンツェルンIG染料《イーゲーファルベン》〔Farben〕会社の幹部に対する、責任追及の裁判＝継続裁判第六号事件）であった。

アウシュヴィッツをめぐるホェースの証言

イーゲー・ファルベン裁判における宣誓供述書[*2]の中で、ホェースは以下のように述べている。「私は一九四三年一二月一日までアウシュヴィッツにおいて指揮権をもっていました。少なくとも二五〇万人[*3]の犠牲者をガス殺・焼却によって〈処刑〉根絶しました。……缶に入ったツィクロンB（毒ガス剤）は、その後も供給を絶やさず、もっぱら企業テシュ&シュタベノ社に注文しアウシュヴィッツでの（ユダヤ人）ガス殺のために用いました。一九四一年

8 **ヒムラーとホェース**（Laurence Rees, *Ausckwitz*, London 2005）

末あるいは一九四二年はじめまで収容所管理部がガスを直接テシュ＆シュタベノ社に注文していました。それ以降は、全SS組織・施設のためのSS全国指導者（ヒムラー）直属保健衛生全権ムルゴフスキー博士が注文しましたが、割り当て分の指定の権限も（ムルゴフスキー）博士が握っていました。したがって博士は、テシュ＆シュタベノ社に対し絶滅収容所ビルケナウ（アウシュヴィッツ第二収容所）のために必要な分量も指示していました。テシュ＆シュタベノ社は自らが提供しているツィクロンBの使用目的を知っていたことは確かであると思います」。

以上のホェースの供述の中で特に注目されるのは、ユダヤ人ガス殺におけるムルゴフスキー博士とその役割であろう。ヨアヒム・ムルゴフスキーは一九〇五年ベルリンのラテノの生まれ、典型的な「戦時青少年世代」[*4]である。大学では医学・自然科学を学び一九三〇年三月ナチ党入党、三一年一〇月SSに入隊、三二年には（いきなり）SS軍曹、三三年にはハイドリヒ指揮下のSS情報組織SDの保安本部（SD-Hauptamt）に抜擢され、三四年にはSS将校（少尉）となり、三五年にはSS中尉、三六年SS大尉からSS少佐に昇進、三七年にはSS武装部隊の特務部隊（SS-VT）へ移り、医療衛生部門を担当、一九四一年SS中佐、四二年SS大佐、四四年にはSS准将の地位に就いた。[*5]SS将校団に属する者のSSへの入隊時期は、一九三〇年一二月末以前に入隊した者が一二・七パーセント、三一年から三三年一月三〇日のヒトラー政権掌握までの約二年間に入隊した者が二七・八パーセント、政権掌握後の入隊者がほぼ六割を占めている。[*6]ムルゴフスキは比較的早い時期に入隊しているといえよう。

防疫研究所の武装SS医師たち

ムルゴフスキーは三八年武装SS衛生局のメンバーとなり三九年はじめにはベルリンの防疫バクテリア調査部を創設、武装SS駐屯諸部隊に突発する疫病の撲滅をはかったが、四〇年には拡大を経て「防疫研究所」と改名した組織の長となり同時にゲンツケン武装SS保健本部長のもとで武装SS保健組織防疫局のチーフも務めている。*7

戦後ムルゴフスキーはゲンツケンとともにニュルンベルク継続裁判第一号事件の被告としていわゆる「医師裁判」にかけられた。ナチ体制の医学界のトップ・リーダーたち二三名を裁いたこの医師裁判では、耐高度・寒冷・マラリア・マスタード（イペリット）ガス・黄疸等、耐性人体実験への関与、スルホンアミド・骨移植・海水利用・断種不妊化・発疹チフス・毒ガス・焼夷弾・ガス浮腫等の人体実験への関与、「安楽死」殺人・人骨コレクションへの関与等、計一五の訴因に加え、継続裁判開始直前に結審したニュルンベルク国際軍事裁判で犯罪組織と「認定」された（ナチ党）親衛隊（SS）に所属していた廉で有罪とされた被告は一〇名であった。この人びとの名と経歴は以下のとおりであるが、ゲンツケン（終身刑）、フィッシャー（終身刑）、ポッペンディック（一〇年の刑）を除く七名は四七年八月二〇日死刑判決を受け、翌四八年六月二日絞首刑に処せられた。

カール・ゲープハルトSS中将・武装SS中将医学博士（一八九七年ハーク／オーバーバイエルン生まれ）は、反革命義勇軍オーバーラント団の一員としてミュンヒェン一揆に参加。ヒムラーの盟友で、一九三二年ミュンヒェン大学講師。三三年ナチ党入党／SS入隊。同年ホーエンリーヒェン整形医科療養所院長、さらにドイツ健康運動アカデミー医科学部長を経て、三五年助教授、三八年ベルリン大学整形外科正教授、ヒムラー随従医。四〇年武装SS外科顧問。四三年ヒムラー侍医。四四年カール・ブラント保健機関全権学術顧問。ナチ大学教員連盟幹部会、SS外科総責任者へ。

カール・ゲンツケンSS中将・武装SS中将医学博士[*8]（一八八五年プレーツ／ホルシュタイン、牧師の子として生まれる）は、SS主管本部第七局武装SS衛生機関局長。一九一二年海軍衛生部勤務。一九一九〜三二年プレーツで民間医療に従事。この間二六年ナチ党入党、三三年SS入隊。三四年SS衛生部、強制収容所総監アイケのもとで衛生監。四〇年SS作戦指導本部局集団D（強制収容所）指導者。四七年終身刑判決を受けたが五四年出獄。

ヴォルフラム・ズィーファースSS大佐（一九〇五年ヒルデスハイム生まれ）は、一九二九年ナチ党入党、三五年SS入隊。同年から「祖先の遺産（アーネンエルベ）」（SS全国指導者ヒムラー、SS人種植民本部長官ダレ、民族至上主義的民族精神の古層研究者ヴィルト博士等の肝煎りで一九三五年設立されたSS《研究・教育振興会》[*9]に属し（のち全国事務局長就任）、ゲルマン先史友の会連合会長、「ヒムラー友の会」メンバー。ダハウ強制収容所内アーネンエルベ昆虫研究所顧問。

ヴィクトア・ブラックSS准将・武装SS少佐（一九〇四年アーヘン近郊ハーレン生まれ）は、ヒムラーの妻の出産を助ける。二三年SA。二九年ナチ党入党／SS入隊。三〇年ヒムラー付き運転手。ナチ党総統官房勤務、三四年ブーラー官房長幕僚部幕僚長。三六年歓喜力行団第二局長。三九年「安楽死」補助という名の大量殺戮を組織。四二年以降、絶滅収容所ベウジェツ、ソビブル、トレブリンカでユダヤ人の大量殺戮に従事。

カール・ブラントSS大将・武装SS中将（一九〇四年ミュールハウゼン／エルザス生まれ）は、三二年ナチ党入党、三三年SA入隊、そして三四年SSへ。三四年ヒトラー付き外科担当侍医。三九年ブーラーとともにヒトラー委任の「安楽死」全権、四二年衛生保健機関全権を兼務。ヒトラー直属として全医科学的措置の調整役（わけても研究と生体実験）。四四年大量殺傷兵器全権委員（閣僚相当）。モレル博士の讒言で侍医解任。

ルードルフ・ブラント法学博士・SS大佐（一九〇〇年フランクフルト／オーデル生まれ）は、三二年ナチ党入党。三四年法学博士。SS全国指導者ヒムラー直属係官（「ヒムラーの右腕」と称される）[*10]。人骨コレクション（後述）のためユダヤ人の殺害に関与。医師ではないものの、ヒムラーに最も近い立場から医療問題・強制収容所囚人扱いはじめ重大な問題の決定に関与。

フリッツ・E・フィッシャー武装SS少佐医学博士（一九一二年ベルリン生まれ）は、一九三三年SS入隊、一九三七年ナチ党入党。ルードルフ・フィルヒョ病院助手。一九三九年ホーエンリーヒェン整形医科療養所医師。四一年アードルフ・ヒトラー親衛連隊。四一年〜四三年ホーエンリーヒェン復帰。ラーヴェンスブリュック女子収容所でポーランド女性に対する人体実験。戦後終身刑を宣告されるが、五四年出獄。

ヘルムート・ポッペンディックSS准将、SS全国医師会幕僚長（一九〇二年フーデ／オルデンブルク生まれ）は一九三二年ナチ党入党／SS入隊。一九三三年ルードルフ・フィルヒョ病院医長。三五年カイザー・ヴィルヘルム研究所で研修（人類学）。三七年SS人種植民本部へ。四一年全国SS警察医師団直属事務局長兼SS人種・植民本部医療部長。医師裁判では一〇年の刑の判決受けるも四年後の五一年に出獄している。

ヴァルデマール・ホーヴェンSS大尉・武装SS駐屯部隊医・医学博士（一九〇三年フライブルク／ブライスガウ生まれ）は、農業労働者から三四年SS入隊、三七年ナチ党入党。警察医を経て、三九年から収容所勤務になり、四二年ブーヘンヴァルト強制収容所主任医。

以上に、ムルゴフスキー博士（医師裁判判決は死刑、四八年刑死）が加えられるということになる（七割が戦時青少年世代に属するというのも特徴的である）。これらの人びとは大部分が、警察を含む各省庁官僚や司法官・法律家がそれぞれプロフェッショナルとして自発的にSSに入っていったごとく、医療に関わる専門家としてそれぞれ自ら進んであるいは「バスに乗り遅れないよう」SSに入隊したのであった。形の上ではナチ党分肢組織でありながらエリートの重要な核組織のひとつであった

ＳＳは、独自の医療衛生組織、全国ＳＳ警察医師団をもち、その責任者はエルンスト・ローベルト・グラーヴィッツ博士であった。

注目に値するのは、ＳＳの軍事組織、武装ＳＳも独自の医療衛生組織をもっていたことである。その長はゲンツケンであった。彼は一九一二年キール大学病理学研究所提出の教授資格論文で癌の統計記録の分析に寄与した後、同年衛生組織将校として帝制ドイツ海軍に勤務、そのまま第一次世界大戦にも出征した。[*11]大戦後、一九三四年に再び海軍の衛生組織予備役将校に転ずるまで民間で医療活動を続けていたが、一九二六年ナチ党に入党、一九三四年にはＳＳの衛生部に少佐のランクで移り、一九四〇年には武装ＳＳに転属。同年五月武装ＳＳ少将として衛生部長に就き、四二年には武装ＳＳの衛生組織全体を統括するにいたった。これはＳＳ作戦指導本部に配属されていた衛生局集団長というポストであった。彼が直属した上司がグラーヴィッツ博士であったが、非軍事領域・文民のための全国医療衛生組織も結局戦争に突入後は、ＳＳ中将で内務省保健衛生担当官房長（内務大臣直属）のレオナルド・コンティ博士によって統括されたのである。同時にコンティはナチ党全国保健衛生組織指導者でもあり、マルティーン・ボルマン党官房長の息のかかっていた人物であった。[*12]

ナチ戦時医療体制

ホロコーストを問題にする場合、ナチ・ドイツ国家の戦時医療体制と指導的人物の全体に視線を向ける必要があることは、以上の検討からも明らかであるが、軍についてもある程度概観しておかなければならない。SS医師たちと並んで医師裁判にも多くの軍関係医師が被告として登場しているからである。ドイツ国防軍陸海空三軍は三軍でそれぞれ独自の医療衛生組織を有し、例えば医師裁判の被告ハントローザー元軍医上級大将の場合には軍医畑を歩んで、一九四一〜一九四四年陸軍医療衛生部指揮官を務めたが、陸軍軍医総長と軍医総監との二重の役職をこなす形で陸軍および三軍全体の医療組織を統轄していた。空軍の場合は、ニュルンベルク継続裁判第二号事件（軍備・労働配置をめぐる中央計画庁長官で航空省次官ミルヒを、捕虜虐待や強制連行労働者の酷使・生体実験の廉で裁いた裁判）の証人として召喚されたヒップケ軍医大将医学博士が一九四四年初まで空軍医療衛生部指揮官を務めていた。医療裁判ではその後任を務めたシュレーダー空軍軍医総長が空軍の担当代表者として医師裁判で責任を追及されることになった。彼の下僚が、予防医学・熱帯衛生顧問ローゼ被告、ミュンヒェン航空医科学研究所所長ヴェルツ被告、シュレーダー機関航空医学担当官ベッカー＝フライゼン被告、ベルリン・ドイツ航空実験所内航空医学研究所ロフ被告、さらに副医長シェーファー被告、ウィーンで教授資格をとりながらダハウ強制収容所囚人に生体実験をおこなった空軍将校バイグルベック被告たちであった。ベルリン空軍医学アカデミーもシュレーダーに下属していた。このほか、メクレンブルク医療衛生部隊最高指揮官を経て全国医療衛生組織指導者代理兼全国医師会副会長に就任したクルト・ブローメ突撃隊SA中将のような人物や、ドイツ処女団入団（一九三五年）、ナチ党入党

（一九三七年）後、進んでラーヴェンスブリュック女性収容所の主任医師を務めたヘルタ・オーバーホイザー博士（ニュルンベルク継続裁判を通じて唯一有罪となった女性被告）[*13]のような注目に値する人物も医師裁判には含まれていた。

医師の役割と医師裁判

ナチ研究を推進してきたカナダ人の歴史家マイケル・ケイターのあげる数字によれば、[*14]ドイツ全国の医師のうちナチ党員になった医師（男性）は五〇パーセントを占めていた。教員もナチ党に入党した教員の割合が二三・八パーセントを占め、他の職業に比較し群を抜いてナチ化されたといわれてきたが、この医師の入党率は、それを倍以上うわ回る異常なほどの高い数値を示している。SS隊員になった医師も七・三パーセントを占め、一職業分野でこれほどSSに入隊した割合の高い職業人はいなかったといってよいであろう。医師あるいは医療分野のナチ化あるいはまたSS化が亢進した理由は種々考えられるが、一つの大きな理由としては、ナチ体制に変貌する前のドイツ社会においてユダヤ系の医師が他のドイツ人医師にとっては過剰代表されていると受けとめられていた点があげられよう。[*15]ユダヤ系の医師の社会的役割には、大都市を中心に自治体の社会政策にかかわる医療分野でのめざましい重要な貢献が無視できなかったと現在では評価されている。ヒトラー政権成立約五〇日後の一九三三年三月二三日、「国民社会主義（ナチ）ドイツ医師同盟」は、全国到るところで「民族強化的覚醒および我が人種とは異質な自由主義的邪道からの方向転換が見られる」としながらも、「今までのところ（ナチ）医師同盟の立場はなお依然マージナルな超然状態なのであって、医療分野ほどにユダヤ化され、民族に異質な思想が絶望的なまでに浸透しているフィールドはない」とアピールしている。[*16] この日は奇しくも国会で「全権委任法」が可決されたが、翌日には全国の医師会が一斉にグライヒシャルテン（強制的同質化、ナチ化）され、ナチ医師同盟議長ゲアハルト・ヴァーグナーは、幹部役員、各種委員会からユダヤ系会員をまず罷免するよう命じた。そして四月初の対ユダヤ全国ボイコット前の段階ですでに最初の公立病院・公共福祉施設専属医師の解雇免職を強行したのであった。[*17] かかるナチ体制初期のユダヤ人排除政策の展開のなかでユダヤ系医師は職業認可を取り消され迫害され最後には虐殺され、そうした運命をかろうじて免れた医師も出国亡命を余儀なくされていく。

ユダヤ系の人びとに対する犯罪のなかでもこのニュルンベルク医師裁判（第一号事件）で明らかにされたグロテスクの最たるものは、人骨コレクションのケースである。SSアーネンエルベ事務局長ズィーファースはシュトラスブルク大学帝国大学がユダヤ人人骨のコレクションで成果をあげたいと望んでいる旨の報告を一九四二年二月九日受け、R・ブラントの求めに応じて提出しているが、そこには「むかつく特性ながら典型的な劣等人間性を体現しているユダヤ゠ボリシェヴィキ委員の髑髏を調達することによって我々は明白な記録を確保できる。この髑髏資料を摩擦なく調達確保するための実行措置は、今後ユダヤ゠ボリシェヴィキ委員を生きたまま直ちに野戦警察へ引き渡すようにという国防軍への指示の形で最も目的適合的になされる」[18]というズィーファースの文言がみえる。コレクション完成要望を出したシュトラスブルク帝国大学解剖学研究所教授アウグスト・ヒルト博士・SS大尉の側では、コレクションをコレクションたらしめる調達のためだけのユダヤ人殺害の必要性を臆面もなく述べており、四二年二月二七日書簡でブラントはズィーファースに対し、《SS全国指導者ヒムラー閣下もヒルトの研究を支持し、そのためにはあらゆる便宜をはかる所存でいらっしゃる》と伝えた。四二年一一月二日ズィーファースはブラントに対し、計画遂行のためアウシュヴィッツ収容所のユダヤ人四人一五〇名を調達すべく国家保安本部と準備対策をとるよう要請、ブラントは国家保安本部第四局（ゲスターポ）B四（ユダヤ人問題）担当課長アードルフ・アイヒマンに対し、人骨コレクションを完備させるのに必要な措置をヒルト博士のためにとるよう伝えた。一九四三年六月二三日書簡からは、アーネンエルベ専任スタッフ、ブルーノー・ベーガーSS大尉（ヒムラー幕僚部スタッフとして三八年ティベット遠征）が人骨コレクション編成のための準備措置を七九名のユダヤ人男性、三〇名のユダヤ人女性、二名のポーランド人、四名のアジア人に対してとりおこなったことが窺える。[19]犠牲者の遺体は、シュトラスブルク解剖学研究所へ三回に分けて搬送された。一九四四年六月ノルマンディーに上陸した連合軍が九月はじめシュトラスブルクに接近してくると、ズィーファースはブラントに連絡し、「一九四二年二月九日の提案および二月二三日の許可にしたがい、ヒルト教授は従来欠如していた人骨コレクションを設けた。これと密接な研究科学範囲の結果白骨化は完結しておらず、ヒルトは連合軍によるシュトラスブルク占領の事態を想定し、八〇体処理可能時間も勘案して死体置き場で解剖中のコレクションの処置を求めている。……人骨コレクション自体は目立たないし、軟部（骨格以外の体の部分）は解剖を引き継いだ際のフランス人が残した検体残部として焼却してしまうこともできる」[*20]と述べ、コレクションについて維持・部分消去・完全解体のいずれかの方針決定を求めている。ここには連合軍からの犯罪追及を免れようとするズィーファースの犯意・犯罪認識が明白に読みとれる。

ズィーファースは、ニュルンベルク医師裁判において医師としてではなく人体実験にかかわった三人の被告のひとりとして注目される人物である。彼が全国事務局長（実質的責任者）を務めたアーネンエルベの当初の目的は「北方人種」の文化・伝承の学問研究振興にあるとされていたが、戦時期アーネンエルベに下属して設置された国防科学諸研究機関を通して人体実験にも関与することになった。四二年一月には昆虫学研究所、同年三月にはズィークムント・ラシャー博士の統括する航空医学研究所（ダハウ）、さらにはシュトラスブルクのヒルト下の解剖学研究所等がアーネンエルベに下属する研究機関となった。「私の任務はただ研究者たちのために道を開くこと、すなわちSS全国指導者ヒムラーが命じた研究活動を最も迅速に実施させることにある。尤も、どの研究者が迅速に研究結果を出せるかの判断は私が決める」[*21]とズィーファースは述べている。ヒムラーから直接アーネンエルベにかかわる研究委任命令を受け取る立場にいたズィーファースは、人体実験を含む「研究成果」について直接ヒムラーに報告をおこなっていた[*22]が、研究者が必要とする資金その他諸補助・手段また「材料」（実験材料とされた収容所の犠牲者も含む）「資料」を調達すること自体、自らの活動任務であり、実験が満足すべき実効性を有するか否か査定する意味でも彼独自の判断能力を用いざるをえず、委任の隅々まで知っておく必要があった。

元空軍参謀医でSS少尉に転じ、その後さらに武装SSに移ったズィークムント・ラシャー博士は、一九四二年四月八日のヒムラー宛書簡で「ズィーファースSS中佐には興味深い標準的実験実見のため一日をとっていただきましたので手短な報告も多分おてもとに届いているところでしょう。……あらゆる点で私の研究に並々ならぬ関心を示されたズィーファース博士に大変感謝しています[*23]」と述べている。ダハウ強制収容所内低圧室でおこなわれたこの「高度実験」についての一中間報告は「一般状態良好の三七歳のユダヤ人男性に対し一二キロメートル高度における無酸素の条件で実験を続けました。呼吸は三十分持続。四分でVP（実験対象者）は汗をかき頭をぐらぐら揺すりはじめ、五分で痙攣が生じ、六〜一〇分で意識がなくなった。……口は泡吹き状態。……呼吸停止後、心機能停止まで心電図記録を続ける。引き続き、呼吸停止後約半時間後検剖（死体解剖）開始[*24]」と述べている。医師裁判で判決は、高度実験が一八〇〜二〇〇名に対して実行され内七〇〜八〇名が死亡したと見積もった。ラシャーが四二年三月アーネンエルベの専任研究員となり[*25]、七月二〇日の最終報告添附書類で、アーネンエルベ附属研究機関とタイアップして実験が実行されたことを確認しているとおり、ズィーファース自身もこの実験を実見しヒムラーに報告し、死者を多数出したことも承知していたと医師裁判で認めた。人体実験は高度実験に限らなかったことは明らかである。毒ガスの実験に関してはムルゴフスキー博士のみ有罪とされている点が注意を惹く。

2　アウシュヴィッツとツィクロンB

ゲルスタイン報告

以上1節での検討を通じて人体実験・生体解剖・人骨コレクションのためにホロコースト進行状況について、武装SS、SS、軍の医師たちが、軍事科学・防衛医学わけても「防疫研究」を楯に利用し、無辜《むこ》の人びとを大量殺害したことは、ある程度明らかになったと思われるが、さらに武装SSのホロコースト関与に関する重要な証言・文書史料としては、クルト・ゲルスタイン武装SS中尉の報告をあげねばならない。ゲルスタインは一九〇五年ミュンスター生まれ、工学士で、一九三三年ナチ党入党、三四年にはSAに入隊しているのだが、三六年反国家的宗教活動の廉でナチ党から排除され、三八年にはヴェルツハイムの強制収容所に入れられた。四〇年にSS入隊、四一年三月には武装SSの衛生機関防疫部に所属、一九四二年一月からはその衛生技術課長をつとめ、青酸取り扱いのエキスパートとして、有毒ガス使用の消毒を含めた一切の技術消毒任務をになったが、四二年六月一〇

○kgの青酸をポーランドに運ぶ任務を与えられた。同年八月にはベウジェッツ絶滅収容所とトレブリンカ絶滅収容所でユダヤ人の大量ガス殺を目撃、[*26]これについて極秘にスウェーデン公使館書記官オター男爵に伝え、またベルリンのリヒターフェルデ教会総監督ディベリウス博士にも伝え、やがてスウェーデン政府およびヴァティカンの知るところとなった。[*27]ゲルスタインは終戦直後連合軍に身柄を拘束されパリの軍刑務所の独房で一九四五年七月二五日絞首死体で発見された。

ブルーノ・テシュと第一次世界大戦以降の毒ガス開発

医師裁判においては、死亡直前にゲルスタインがしたためた報告が訴追証拠物件として認定され、四七年一月一六日の審理で読みあげられ公判記録に採録されているが、[*28]この記録について子細に検討する前にわれわれがその前提としていまひとつ注目すべき裁判およびそこでの証拠記録がある。現代史上きわめて注目に値するものでありながら従来十分吟味されてこなかったこの裁判は、ニュルンベルク国際軍事裁判においてユダヤ人大虐殺に関する本格的な追及審理の開始直後の一九四六年三月一日、ドイツ北部の大都市ハンブルクのクリオハウスにおいて開廷された企業裁判である。企業テシュ&シュタベノ社の戦争中の責任、すなわち戦争法に違反して強制収容所にとらわれた連合国の人びとの殺害のための毒ガスを製造し収容所に提供していた企業代表ブルーノ・テシュ博士ほか会社幹部の責任を追及する目的で始まった、英軍政府下の裁判であった。ブルーノ・テシュは一八九〇年ベルリン生まれの化学専門家。一九一五～一九二〇年カイザー・ヴィルヘルム物理化学研究所に勤務、ノーベル科学賞を受賞したフリッツ・ハーバー博士の助手をつとめたが、一九二〇年からドイツ害虫駆除会社（Deutsche Gesellschaft für Schädlingsbekämpfung 略称Ｄｅｇｅｓｃｈデーゲシュ）につとめ、二三年企業テシュ＆シュタベノ社（略称テスタ）設立、一九三三年ナチ党入党後、ＳＳの名誉将校となり、アウシュヴィッツに毒ガス剤ツィクロンＢを提供した。一九四六年三月八日英軍裁判で死刑判決を受け、五月一六日「笛吹男」伝説で知られる都市ハーメルンの刑務所で刑死した人物である。

彼が決定的にかかわった毒ガス製造とホロコーストとをつなぐ糸は、少なくとも第一次世界大戦および彼の師ハーバー博士の足跡にまで遡ってみる必要がある。第一次世界大戦で敗北したドイツが屈辱的な形で締結を強いられた一九一九年のヴェルサイユ講和条約第一七一条において、ドイツは大量殺傷化学物質（化学兵器）の製造を禁止された。第一次大戦で同盟国・連合国双方で使用した毒ガスの量は計一一万三〇〇〇トン、このうちドイツが使用したのは五万二〇〇〇トン（総量の約四六パーセント）と見積もられている。毒ガスによる死者はロシア兵五万六〇〇〇名、米兵一万四〇〇〇名、仏兵八〇〇〇名、英兵六一〇九名、オーストリア＝ハンガリー三〇〇〇名、独兵二三〇〇名。計一〇〇〇万人とされる第一次世界大戦戦死・戦病死の中に占めている毒ガス犠牲者の割合は相対的には高くない。*29 もちろん手当・治療を要する重症軽症患者あるいはまた後遺症被害者は数十倍にのぼると思われる。終戦間際に英軍のイペリット攻撃を受けて病院に担ぎ込まれ眼の治療のため包帯を数週間とることができなかった経験をもつヒトラーは、後に『わが闘争』第二巻第一五章「権利としての正当防衛」の中の「マルクス主義に対する遅すぎた始末」の項において「戦争開始時に、そして戦争中も、あらゆる階層から出て、あらゆる職業をもったわが最良のドイツ労働者数十万が戦場でこうむらなければならなかったように、これらの一万二〇〇〇か一万五〇〇〇のヘブライ人の民族破壊者連中を一度毒ガスの中に放り込んでやったとしたら、前線での数百万の犠牲がむなしいものにならなかったに違いない」[*30]と述べている。

ハーバーの「功績」

ドイツ軍が優先開発したのは肺機能を破壊する塩素ガスであったが、フランス軍が大戦中一九一六年に投下した青酸ガスもヴェルサイユ条約の禁止物質グループに入れられた。戦前の一九一二年からベルリンのヴィルヘルム皇帝物理化学・電気化学研究所の所長を務めていたフリッツ・ハーバー博士（戦時中、窒素と水素のアンモニア合成〔ハーバー＝ボッシュ・プロセス〕開発により、一九一八年度ノーベル化学賞）は、プロイセン陸軍省内科学部委員会の害虫駆除技術委員会の任務（実は化学戦のための物質準備・研究）を戦後、引き継ぐ会社、ドイツ害虫駆除会社（略称デーゲシュ）を設立した。ハーバーの化学戦認識そのものは、肯定的なもので「飛び交う鉄の弾丸に比べてガス戦闘手段が、より残虐だということは全くありません」[*31]、「一九一八年（大戦最後の年）アメリカ軍部隊の損害の二〇〜三〇パーセントがガスによるものでした。これは、ガスが最強の戦闘手段の一つであることを示していますが、対ガスマスク等の装備をすれば犠牲は三〜四パーセントになり、……最も効果的な手段というにとどまらず、最も人道的な武器の一つたりえます」[*32]というものであった。

ハーバーは一九一九年二月健康上の理由で化学産業の戦時運営から平時へのスウィッチ活動を退き、夏にはスイスに亡命した。連合国が彼の名を戦犯リストに加えるのを懼れたと云われるが、一九一九年末にはノーベル賞受賞のためドイツに帰還している。ところが英仏は受賞に反対し（二〇年にハーバーはようやく受賞）、連合国管理委員会による監視もあり、ドイツ国会は一次大戦における国際法へのドイツの対応いかんを自己吟味する調査委員会へハーバー博士を証人喚問したが、その時の証言が上記「最も人道的な武器の一つ」発言になった。結局ヴィルヘルム皇帝研究所の平時への移管、それに伴う清算事業もハーバーの手によってではなく、大戦中ハーバーの助手を務めたブルーノ・テシュ博士によって主導された。

ヴェルサイユ条約による制約を回避するため[*33]、ドイツ害虫駆除会社（デーゲシュ）は、青酸を液体にして多孔素材に吸わせ気密状態で鉛の缶にパッケージするという新方法を開発していく（特許番号四三八八一八、これがツィクロンBへと完成されていく）のだが、ベルリンでの営業開設をになった化学者ブルーノ・テシュは、一九二二年デーゲシュのハンブルク支社も設け、自ら陣頭指揮に立った。

一八九〇年ベルリン生れのテシュは、ゲッティンゲン大学で数学と物理学を学んだ後、一九一四年ベルリン大学に提出した「テルルの原子量」という論文で博士号を取得、しかし同年勃発した大戦に志願兵として出征、翌年右下腕に銃創を受けて後方に移送された。ハーバー博士はテシュを軍事化学技術専門家として必要欠くべからざる逸材とみなし、テシュを前線復帰させず、その後はハーバーの任務をテシュが引き継ぐという形での両者の関係発展が見られたのであった。テシュ自身、ガス戦領域における大戦の経験を平時の経済に移し、わけても害虫駆除において利用することがデーゲシュの任務である、と認めていたのである。*34

テスタ社とツィクロンB

一九二四年自ら企業テシュ&シュタベノ（略称テスタ）社を設立し、翌年にはデーゲシュのこの開発商品の販売も始めた。ハンブルク衛生研究所や行政当局、衛生局、港湾医師とも密接な連絡をとりつつテスタはハンブルク汽船会社の船や、ドック倉庫、工場、鉄道貨車などガス消毒による齧歯類動物や害虫の駆除を行っていった。二四年四月にはヴィースバーデン近郊の宿泊施設タウヌスハイムのガス消毒に当たっていた専属技師ら二名が死亡する事故が起き、二七年にもハンブルクで停泊中の船の消毒後に二件の死亡事件が発生している。二七年の二件については、いずれも消毒後ガスが残留している危険を承知の上での犠牲者の自殺が推定され、結局会社側の責任は問われず、消毒剤としてのツィクロンBの商品価値自体も疑われなかった。

ヒトラー政権の時代になって、軍、さらには親衛隊とも緊密な関係を築いていくことができたのは、国策会社的スタートを切った大戦後の組織体制も大いにあずかって力あったと思われる。第二次世界大戦勃発とともに、ドイツ軍兵士の制服、下着、兵舎、あるいはまた外国人強制連行労働者たちの収容施設がシラミや蚤の害に曝されたため、ツィクロンBの需要は急増、テスタと国防軍側との話し合いもしばしばおこなわれている。軍内での死亡事故をめぐる一九四〇年二月ヴァールヴィッツでの両者の協議に関連して、戦後の英軍軍事法廷においては検察側が「ツィクロンBが人間の場合もガス吸引で即刻絶命すると被告は知っていたか」と尋ねたのに対し、「それにつきましては全く疑う余地がありません」とテシュは応えている。アウシュヴィッツの大量ガス殺はなかったとするいわゆる「アウシュヴィッツ否定論者」は、ツィクロンBが「害虫駆除」はできても、人を死に至らしめることはできないとしてきたが、テシュの証言自体その反証になっているといえよう。[35]

一九四〇年七月第二週、テスタ社員は同年五月に設置されたばかりのアウシュヴィッツ収容所にも派遣され、SS隊員の兵舎のガス消毒をおこなっている。戦後ハンブルクの英軍裁判でテシュ被告は、アウシュヴィッツについて知っていたかと問われ、名前しか存じません、と答えているが、収容所長ホェースはハンブルクからテシュ&シュタベノ社の社員が来ていたと証言している。「大量ガス殺を始めたときアウシュヴィッツ収容所にはまだかなりの量のツィクロンBのストックがありました。収容所の建物やバラック害虫駆除のためすでに用いられていたからです。……ガスはテシュ&シュタベノ社製造のもので、この会社の技術社員が収容所にきて建物の殺菌消毒をおこなっていました。その際事故がおきないよう最細心の注意を払った保安措置をとりました」とホェースは供述している。*36

9　ツィクロンB（Fritz Bauer Institut, *Auschwitz-Prozess 4Ks2/63 Frankfult am Main*, köln 2004）

一九四一年九月三日、アウシュヴィッツ基幹収容所のブロック一一の房で実験に供されたソ連軍捕虜六百名、罹病ポーランド人囚人二五〇名がツィクロンBでガス殺された。*37 この実験結果に満足したホェースはツィクロンB使用を今後の大量殺戮の方法として選択採用したのであった。彼がガス実験を敢行するにいたった経緯については、四一年夏ヒムラーの指令を受けた彼が国家保安本部のユダヤ人問題担当アイヒマンをアウシュヴィッツに迎えたときの話し合いが重要だったことが回顧録からも窺える。「われわれは、絶滅の実行方法について話し合った。主方法たりうるのはガスだけであろう。銃殺では、予想される大群を片づけるのは絶対不可能であろうし、また女子供の姿を眼前にしてこれを実行することは、SS隊員にはあまりにも大変な負担になるだろうからである。アイヒマンは、それまで東部で実行されていた、といって、トラックのエンジン排気による殺害のことを私に教えた。しかし、これも、アウシュヴィッツに予想される大量の移送者には調達上とても問題にならない。一酸化炭素を浴室に吹き込んで殺害する方法（ドイツ国内で精神病者を抹殺するのに用いた方法）は、あまりにも設備に手がかかるし、一酸化炭素ガス製造もこれほど大量となると問題がある。結局この問題についてわれわれは結論をだせぬままに終わった。アイヒマンは、簡単に作れてしかも特別な施設を必要としないようなガスを調べわたしに知らせるといった」[*38]と回顧録でホェースは述べている。ホェースはツィクロンBのガス殺人への転用の発案者として、カール・フリッチェSS大尉の名を挙げている。これに対して、英軍によるハンブルクの戦犯裁判では、テスタ社の簿記担当であるエーミール・ゼームが、テシュ博士こそ害虫駆除にとどまらず人間殺害にもツィクロンBを用いたらよいと提案した張本人であるという驚くべき証言をおこなったのであった[*39]。テシュ本人は打ち消しているが、英軍裁判で一九四六年三月八日死刑判決を受け同年五月一六日処刑されており、今となっては、直接のガス転用発案者が誰であったかについては二説あるといわざるをえないが、ハーバー以後の毒ガス開発以降、総力戦の時代におけるなりふりかまわない化学戦追求の曲折がここに至った長い過程自体、見逃せない重要な脈絡をなしているというべきであろう。

ツィクロンBによるガス殺は、シャワー室ないし消毒室のように偽装された数百人収容可能なガス室が使われ、扉を密閉した後で、ツィクロンが特別に設けられた開口を通じて室内に送り込まれた。消毒用および殺人用のガス剤を発注するSSの担当部門は、ムルゴフスキ教授の衛生部であり、この部内でデーゲシュ社との専門的な面の折衝および発注の一部を担当していたのがゲルスタインSS中尉であった。

武装SS保健部隊

ゲルスタインは四一年三月武装SSに入隊、四〇人の医師とともにハンブルク近郊ランゲホールン、オランダのアルンヘム、ベルリン近郊オラーニエンブルクで三ヵ月近く基礎訓練を受け、工学と医学の二分野課程 Schulung のためSS作戦指導本部の技術・医療部門、武装SSの職務類D、保健局衛生部に勤務を命じられたが、ここで国防軍、捕虜収容所、強制収容所のための消毒装置、防疫給水装置を作る任務を自ら選び成果を上げて、SS中尉に昇進し、四二年一月には保健技術課の課長となっている。同年六月からベルリン゠ヴェストのクアフュルステンシュトラーセにあった国家保安本部のハンス・ギュンターSS少佐及びマールブルク大学プファネンシュティール教授とも接触しつつ、[*40] 兵営や他の諸収容所へは消毒用として、アウシュヴィッツ収容所へは一部は消毒用に大部分は殺害用としてツィクロンBを送ったのであった。殺害用の殆どがムルゴフスキ博士の統括していた組織から発せられたこと自体は疑いようがない。ゲルスタインが演じた役割がどの程度のものだったかについて彼自身の証言そのものからは判然としない点が多々残っているが、四一年六月以降武装SS「防疫研究所」に属し三軍には開発できなかった上述の装置を作り、この面では企業にも依存せず、しかも三軍の技術を一歩抜いたことから彼の業績は武装SS内部で高く評価されていた。[*41]

イー・ゲー・ファルベン（ナチ体制期世界最大のドイツ化学産業でアウシュヴィッツにも併設の化学プラント〔モノヴィッツ、第三収容所〕をもちSSから囚人を借り出して強制労働させ酷使して多くの人びとを死なせた企業）の幹部を裁いたニュルンベルク継続裁判における、テスタ社の第一会計係アルフレート・ツァウンの証言では、一九四二年・四三年に純益が飛躍的に増大しており、ツァウン自身アウシュヴィッツの厖大な「御用達」は在庫売りに違いないと思って別段驚かず、また四一年・四二年、巷では、ユダヤ人や知的障害者がガス殺されているという噂も流れていた、としているが、ツィクロンBの割り当て指定についてはベルリンの配分委員会が権限をもっていたことをテシュも認めており、ムルゴフスキ博士が重要な役割を果たしていた点については、既述したホェースの証言とも符合する。[*42]

SSの輸送部隊によるツィクロンBの搬送はSS経済管理本部の搬送許可を必要とした。SS経済管理本部の書類には「特別措置のための資料回収用トラックのデッサウまでの運行許可を発令する」（一九四二年八月二六日）[*43]、「ユダヤ人再定住のための資料回収用五トン・トレーラートラックのデッサウまでの運行許可を発令する」[*44]といった具合に、「特別措置のための資料」「ユダヤ人再定住のための資料」（傍点はいずれも殺戮を暗示するＳＳの隠語）という言葉が常に用いられていたのだが、戦後フランクフルトにおける「アウシュヴィッツ裁判」で、この裁判の主要被告人であったローベルト・ムルカ（アウシュヴィッツ所長ホェースの副官）は、裁判長に「この『ユダヤ人再定住のための資料』とは一体何か」と訊かれ、「もちろんツィクロンＢです」と答えている。[*45]この組織隠語がまさに大量虐殺をカモフラージュするための偽装用語であること、ツィクロンＢが実際にユダヤ人のガス殺に用いられたことが、裁判長によって有罪判決文の中であらためて確認された。[*46]ホェースの副官ムルカはじめアウシュヴィッツで勤務していたＳＳも、一般ＳＳ隊員より、むしろ武装ＳＳの隊員たちのほうが圧倒的に多かったが、アウシュヴィッツ勤務の武装ＳＳがまずユダヤ人大量虐殺に以上のような形で関与していたこともこの裁判で確認されたのであった。[*47]

第5章
「ポリタリー」から「絶滅のアルバイター」へ
――武装SSの「兵士」類型をめぐって

〈扉写真〉

整列した武装SS　閲兵するのはグロボチュニク（Richard Rhodes, *Die deutschen Mörder* Bergisch Gladboch 2004）

1　ドイツ現代史における暴力装置と軍備問題

国家の暴力装置としての軍と警察

伝統的な国家理解では、国家性というものを考える場合、まずその中心に暴力の独占という問題を据えてきた。マクス・ヴェーバーの有名な定義では、「国家はある決まった領域内で正統な物理的暴力の独占を自らのために要求しうる人間共同体である」とされる。したがって国家は「暴力行使《権》の唯一の源」というにとどまらず、むしろ暴力の権限の独占を欠いては完璧な国家といえないとされる。[*1] 私的暴力は禁止され、私的暴力の奪権化の産物がこの暴力独占なのであり、競合する権力の排除をそれは前提にしている。[*2]

暴力独占は対内対外という二側面をもっており、軍は対外的に国際社会におけるその国家の主権と安全を支える。国家のみが軍隊をもちうる。外部の敵から防衛し外部の敵を攻撃する暴力の資源を束ねているというだけにとどまらない。対内的にも暴力を行使する権限がある。すなわち臣民ないし市民に対しても国家の規範に対する違背を追及するためにそれを用いる場合がある。警察は対内暴力行使を正当化された組織である。したがって軍と警察は国家の暴力独占のメダルの両面といえ、その執行者といえよう。[*3] 国家の主権を象徴する装置であり、支配の手段として投入されるものである。

他国から自国を防衛し他国に対して自国利害を貫徹する軍という暴力装置は、敵を物理的に損ずるかあるいは殲滅するのを直接目的としている。軍の任務とは、ルネ・ケーニヒによれば、「政治的目的を達成するために暴力で威迫するあるいは計画的に暴力を投入することにあり、計画的な暴力投入は、必要ならば人間を組織的に殺害することと切り離せない」[*4]。四世紀ヴェゲティウスが「平和を望むなら戦争を準備せよ!」といったように、深刻な事態出来=戦争が軍の核となる営みであり、依然軍事行動の基本的標徴なのである。これに対し法執行機関としての警察の行動では、公共の安寧・秩序の創出維持、犯罪者の追及が優先される。剥き出しの暴力や破壊性ではなく、むしろ度を超さず抑制・適量配分できる暴力投入を前面に出した警察の発展は、規律化・統制を「厳しい」と思わせず殺害を避けるテクニックを拡大することとも密接につながっている。

以上、方向性と機能で分類すれば、①対内秩序保障:ひとつの領域で安寧・秩序を維持し、状況を安定化させ現行規範を貫徹するため、ウルティマ・ラツィオ(最後の切り札)として暴力という手段が執られる(「古典的」警察配備)。②対外破壊:国家が単数複数の他国に対し戦争を遂行する、軍同士の戦い。「戦争はわれわれの意志実現を強制するための暴力行為」(クラウゼヴィッツ『戦争論』)。政治目的達成のためにまず第一にこの暴力行為の効果が重要である(「古典的」軍隊投入)。③対内破壊:一つの国のなかで国家と他集団が相互に戦う、内戦。この場合国家の暴力独占が微妙になり体制の交替も求められる状況で、係争者の対峙と状況の定義の問題が決定的になる(国家が対立を国家の主権に対する攻撃と解し内戦のシナリオを始動させるか、反体制側が革命状況にあると思いなし権力者に内戦を宣するか）。二重権力状態ないし内戦にあっては最終的に支配と暴力独占がどちらかに勝ち取られるが、国家による自国住民の一部ないしマイノリティの殲滅が行われる場合もある（「民族浄化」）。④対外秩序保障：「本来の」領土の外での秩序創設と保障。植民地化の過程や国連各国軍投入による「世界内政」貫徹の場合がこれに該当する。以上四つの機能を国家は必ずしも同時に充たすとは限らないし、事柄の生起が内外どちらでおこっているか、はたして秩序が保障されているのか、敵が圧伏されているのか、容易に定めがたい場合もあるから、全ての時代にシェーマの全ての象限が国家暴力独占の現存の制度でカバーされるとは規定しがたい。四つの理念型モデルのフィールドについてもそれぞれ相異なる時期の警察・軍隊の歴史的事実上の任務認識・課題実現に即応一致しない場合が少なくないであろう。複数の組織・制度が（それも両者が了解し合っているか競合しているかにかかわらず）同じひとつの任務を同時に充たしているといった場合も少なくない。国家が暴力を独占していても、暴力装置の諸機関は一枚岩をなしているとは限らないのである。

第一次世界大戦後のドイツ再軍備問題とSA・SS

ここでは、まず第一次世界大戦で敗れたドイツにおける暴力装置・軍備問題とナチズムの台頭という脈絡を上記問題にかかわらせ少し具体的歴史的に検討吟味してみよう。第一次大戦後ヴェルサイユ条約で著しく制限されたドイツの軍備、とりわけ人的軍備（兵員軍備）の面で、軍の秘密再軍備政策をカモフラージュするためのものであった国境防衛団活動には、ヴァイマル共和国末期、共和国打倒のオクターブを高めていた最大野党、ナチ党の準軍事組織突撃隊・親衛隊もその重要な一翼をになって参加していた。一九三三年一月三〇日のヒトラー政権掌握にいたるまで、わけても選挙闘争においてナチ大衆運動の中核として決定的な役割を果たした突撃隊（SA）は、権力掌握後も左翼政党・労働組合の解体、共和国を支えていた各地方政権・社会諸団体のグライヒシャルトゥング（均制化＝強制的同質化、ナチ化）を推進していく暴力組織としてなくてはならない存在だったが、この均制化過程が終了しても「ナチ革命は終わっていない」とさらにナチ体制下での新しい役割の要求、特に正規軍のドイツ国防軍にかわる新国民軍としてのステータス要求をヒトラーに突きつけたとき、幕僚長レームを始めとするSA幹部は袋小路に迷い込んだ。再軍備政策においてはドイツ国防軍を最優先するとしか考えられなかったヒトラーをしてSA幹部粛清を決意させることになったからである。一九三四年六月三〇日の「レーム事件」でSS部隊によって不意打ちを受け幹部を虐殺されたSAは、武装組織としては以後骨抜きにされたといっても過言ではない。

2　SSと警察

これに対して親衛隊（ＳＳ）は、既存の警察組織と合体融合することで暴力組織としての重大な発展膨張の契機を掴み取ったといえる。[*5] 一九三三年四月、親衛隊全国指導者ヒムラーのバイエルン政治警察司令官就任に始まる警察への浸透化政策自体、その一年後にはヒムラーの秘密国家警察（略称ゲスターポ、ドイツ最大州プロイセンの政治警察）総監就任、親衛隊保安部（ＳＤ）長ハイドリヒの秘密国家警察局長のポスト獲得によって確実に足場を固めていったが、一九三六年六月一七日、ヒムラーがドイツ警察長官に就任することによってＳＳへの警察の統合は、決定的段階に入っていった。州警察の二本柱、秩序警察（通常警察）および保安警察（刑事警察とゲスターポ中心の政治警察）がいずれもヒムラーの傘下に入り、内務省のコントロールからは切り離されると同時に、ヒムラーのもとに警察組織全体が集権化されていった（通常警察はＳＳのダリューゲ指揮下、保安警察はハイドリヒ指揮下におかれた）が、一九三九年対ポーランド戦終了直後創設された国家保安本部は、保安警察・ＳＤ長官ハイドリヒを長として、保安警察とＳＤとを単に合体するにとどまらずヨリ統一的指令系に結合し、ユダヤ人・東欧諸民族・パルチザンに対する抑圧・テロ・絶滅施策をになうセンター機関となった。対内敵のみならず対外敵にも対処しうる暴力組織として正規軍のみならず、警察と独裁党総統の命令執行組織とが結合されるという、このような機関が誕生したところにヨーロッパを侵略席巻膨張していったナチ体制の特徴が突出していたといえよう。

ＳＳの組織的発展の第一のポイントは、以上みてきたように警察機構との複合的統合にあったが、いまひとつの発展の鍵はSS独自の武装部隊編成にあった。ヒトラーは政権掌握約一ヵ月半後の三三年三月一七日ナチ党国会議員でSS中将でもあったゼップ・ディートリヒに命じて一二〇名の首相官邸警護特別衛兵組織を創らせた。この衛兵組織と並んで、大都市の補助警察（SA・SS等を各州内務省が採用）中の特別コマンド「治安予備隊」もSS部隊として武装化を承認されていたが、ヒムラー、ハイドリヒの指揮するゲスターポやSDとともに、以上二つの組織が「親衛隊特務部隊」としてはじめて大がかりな軍事行動を展開したのが、三四年六月三〇日の「レーム事件」であった。六月三〇日未明から七月二日夜までベルリン、ミュンヒェン、オーバーシュレージエンを中心に、ナチ党SA幹部その他の政敵に対して荒れ狂った問答無用のテロの嵐のなかで、この親衛隊特務部隊は、ヒトラーの単なる護衛組織などではなく、むしろ彼の政治的意志の容赦なき執行者である面を遺憾なく発揮したのである。この「活躍」で一個師団規模の装備を認められた特務部隊と、レームをヒトラーの命令にもとづき自らの手で射殺したダハウ強制収容所所長（後の強制収容所総監）アイケの下に武装編制されていく収容所監視部隊（髑髏部隊）とが、戦争突入後成立する武装SSの大きな二本柱を形作ることになる。

3　武装SSの役割と機能

武装ＳＳの役割をめぐる論点

それでは武装ＳＳとは何か。この問題については、歴史研究者の間にとどまらず、当事者関係者自身の間でも解釈が割れ、激しく争われてきた。一九六六年に武装ＳＳに関する画期的モノグラフを公けにしたカナダの歴史家スタインは、武装親衛隊の役割を「国家警察部隊」Staatstruppenpo-lizei と規定した一九四〇年八月のヒトラーの言葉を重視し、武装ＳＳがヒトラーの内政上の権力装置であり、完全には信頼し得ぬ国防軍をも牽制するための国家護持組織であった、と見る。ドイツにとって容易ならざる戦況の出現によって、否応なく正規の戦闘力の一翼を担うことになった武装ＳＳは、本来の機能に根本的変容をこうむったという解釈である。

こうしたスタインの解釈に対立する観点として、かつて武装ＳＳの指導者集団に属していた人びとによって第二次世界大戦後強調された見方がある。武装ＳＳが陸・海・空三軍に並ぶ「第四の国防軍」となったのは、一般ＳＳとは異なりヒトラーのおぼえめでたい独自の軍事組織としての発展によっていたというのが、この解釈のポイントである。しかしながら、こうした見方は、戦争前、国防軍の側が親衛隊特務部隊を目して、総統ヒトラーを前にパレードしかやらない「アスファルト兵士」（血を流す経験もせず、ただ綺麗な舗装道路を行進するだけの存在」と往々にして揶揄蔑視しながら、その膨張を血眼で阻止しようとした事実も無視しがちであった。しかも本来母体であるはずのＳＳの犯罪とは武装ＳＳが無関係であることを強弁するがためのきわめて政治的な意図に発するものであったといわざるをえない。

警察力か、それとも軍隊か。以上のような二者択一的解釈そのものを問題視したのが、一九八二年のヴェークナーの研究『ヒトラーの政治的兵士』である。彼のこの研究は、武装SSをSS全体の組織史的脈絡に再度綿密に据え直し、SSそのものを政治的・世界観的・警察的・軍事的機能を包括する全体主義的な新しい暴力装置と把握、この組織を軍事的に代表したものこそ武装SSであった、という「第三の解釈」を提示した。母体のSSがドイツの伝統的な国防軍組織を目して「単なる軍事専門バカNur-Militär」集団としたのに対し、それとは対極的に多機能を有し、社会のあらゆる領域にかかわろうとする総社会的志向性を自己に充当した点に注意しながら、ヴェークナーは「政治的兵士」を親衛隊全体の組織成員類型、一種の「理念型」的メルクマールとした。

ただ小著『武装SS』でも批判したように、「政治的兵士」はSA隊員の「理念型」でもあったところが、SAと区別される意味でのSSの特殊なメルクマールを表象させるものにはならないという点に、これをもってSSの理念型を代表させる一大難点があるといわざるをえない。

まずSS隊員の元の職業については、『武装SS』第四章で詳しく分析したように、SSの組織は、かつての軍人もいれば警察官もおり、法務官僚もいれば政治的活動家もおり、商人、技師、貴族、農業関係者、大学教員もいるといった、社会的にもかなり多様な職業分野にまたがっており、社会的構成の点からはかなり複雑な集団であったが、たしかにヴェークナー教授の指摘するとおり、総社会的な機能を志向する「政治的兵士」のブロック（塊集団、団塊）という点で意思統一された戦闘的な集団、組織であったことは間違いない。

「政治的兵士」論の現在

問題は、Ⅰ・ナチズム運動全体との関係、またⅡ・軍とSSの関係、さらにⅢ・武装SSの機能、ことにホロコーストにおける武装SSの役割、という三つの位相において検討、再吟味する必要があろう。

Ⅰについて、日本はもちろんドイツでもあまり注目されていないと思われるのは、以下A・B・C・Dの四点である。

A　「政治的兵士」は、ナチズム運動の初期から用いられ、なかでもSSよりも誕生が早いSAによって頻繁に用いられた言葉であること。

B　このようにナチズム運動全体の歴史的脈絡で「政治的兵士」の含意していたものを確認してみると、一方で軍との区別において、ナチ的世界観を有する「運動の兵士」を意味し、他方で政党一般との区別において、戦闘的な、ラディカルな暴力の政治を象徴するものであったこと。

C　その意味において「政治的兵士」は、SAの運動とSSの運動との連続性をも示す概念であって、SSの「専売特許」ではなかったこと。

D　そうであるにもかかわらず、やはりSSが、ナチズム運動の中でも、自己主張の点で最も突出しており、またその秩序表現において最も徹底していた点で、一見例外的にみえながら運動の「前衛」としてひとつの代表性を獲得していたこと。*6

以上は、ナチズムが社会的にはどのような意義をもった運動であったのか、SSの組織の検討から逆にナチズム全体の問題へと再吟味を促す問題群ということもできよう。

Ⅱについては、ドイツの軍備をめぐって、すでに第一次大戦前から軍備にかかわる人びとに絶えざる緊張を強いた諸問題をまず基底において考える必要がある。第一次世界大戦は、史上はじめて総力戦、全体戦争の観を呈した戦争であった。その敗北、またその経験からドイツでは次期世界戦争に向けての総社会的な軍事化の要請が軍を中心に強まっていた。そうした中、ヴェルサイユ条約に拘束されて、国防軍が武装独占をめぐって陥ったジレンマは、軍がゲヴァルトを独占してしまうと社会の軍事化は進捗せず、（秘密）再軍備のための社会的なレベルでの武装を要請すれば、国家における武器の唯一のにない手としての自らの特権的地位を脅かされかねないというものであった。「政治的兵士」運動成立を可能にした、以上のような大戦後ドイツの歴史的条件を忘れてはならないであろう。

ヒトラーの政権掌握によって、武装占有をめぐる矛盾は、SAと軍との緊張激化となってあらわれ、レーム事件を通じてのSA幹部粛清による軍の武装独占の確認を帰結したが、SSの武装化による、武装SSと軍との、特に兵員補充（リクルートメント）をめぐる競合・対立は結局、暴力の複線化ないし複合的暴力の野蛮化をもたらした。さらに独ソ戦突入後はナチ体制末期にかけて次第に国防軍のナチ（的世界観）化をも帰結したといえるのだが、従来のような全体主義論的枠組で捉えた一方的強制的均質化は当て嵌まらないというのが、第4章まで見てきた、特にホロコーストをめぐる両者の関係について注意すべき点であろう。

Ⅲの武装SSの機能について、これまでの研究者ないし論者たちの問題点をあげるならば、ヒトラーが当初考えていた武装SSの役割と、ヒムラーの武装SS構想とを明確に区別しなかった点、しかも後者に十分な注意を払ってこなかった問題点が指摘できよう。

前著『武装SS』で筆者は、国防軍とSSの兵員補充をめぐる競合・対立の中、ヒムラーが「民族ドイツ人」[*7]を含む外国人徴募を手掛かりに、「大ゲルマン帝国」とその軍隊構築に向けての、「民族共同体」におけるSSの核（コア）としての領導的役割への上昇を意図していた局面を分析した。対ソ戦問題では、一方で「対パルチザン闘争」に名を借りたユダヤ人絶滅政策展開への軍の黙認と協力の位相、他方行動部隊の構成に占める武装SS兵員の圧倒的多さを注意深く指摘したつもりであった。軍とSSの関係の分析にあたっても軍事編隊という枠組のみから武装SSに接近したのではなく強制収容所における監視隊員としての重要な役割も見逃さなかったつもりである。しかしながら、ホロコーストへの武装SSの関わり方を徹底して問題の俎上にしなければ、武装SSの役割に関する従来の固定的一面的な見方から脱却できないことは、本書の第3章、第4章において、軍とSSの協働と

「分業」の諸相をつぶさに検討するなかである程度明らかになったと思われる。本章では、ホロコーストにおける武装ＳＳの機能・役割分担について、従来にはなかった視点からのアプローチを意識しながら、さらに検討を進めたい。

ヒムラーの構想の再吟味

ヒムラーが武装ＳＳ構想を核としてＳＳ全体について最も頻繁に述べた理念的定義は、「国民社会主義（ナチ）党国家防護団の創出die Schaffung des Staatsschutzkorps」であった。もちろんここでは、本章はじめに言及した①の伝統的な警察的現存秩序を「防御」的に「防衛」する機能も含まれているというよりは、国民社会主義的秩序を「攻勢」的、「攻撃」的に創り出すヨリ能動的な機能を含意し、「破壊や解体の動きに対して、その目指すところは、有機的全体存在としてのドイツ民族、その生命力（活力、ヴァイタリティ）、諸機関の安全を保障する」[*8]ことであった。国家防護団の三つの機能としては、⑴国内の敵撲滅たる警察的任務、⑵人種および民族性の防護、⑶軍事的対外膨張が、挙げられていたのである。[*9]

この構想は、ＳＳ全体の構想として武装ＳＳの構築と発展の基礎をなすものであったが、国内の敵撲滅において何より注目すべき点は、内務行政の拘束から解放されていたことで、それはまた同時に法的拘束を受けないという意志を自明としていたことであった。以下のヒムラーの言葉ほど、法規範からのSS・警察の「自立性」を明白に示すものはなかろう。「国政指導部、またこの指導部によって創出された諸機関の任務は、もっぱら民族の全ての力の維持と展開を目指しているのである。個々の人間の個別的幸福は、かかる任務達成の前には退けられるべきである、まさに個別存在の真の意味と実現は自我にはなく、民族の中にあるからである。国民社会主義（ナチ）警察は、国政指導部の意思の遂行と民族・国家の安全確保の権限を個別の法からではなく、総統国家および指導部が課する任務から導き出しているのであって、わがナチ警察の権限が形式的枠組みによって抑制されてはならない。さもなければ、法的枠組みは国政指導部の任務にも反するからである」[*10]。ヒムラーはかかる文言や演説を折に触れて繰り返しており、彼がSSの権能を妨げるような法的制限を全て除去しようとする意思であったことは明らかであろう。

開戦の一九三九年に創設された国家保安本部は、ナチの抑圧・殲滅装置のセンターへと発展していく新機関であったが、そのもとに四一年再編された行動部隊とそれを各地域で統括したSS・警察高権指導者[*11]がソ連での射殺作戦のコアをなし、さらに国家保安本部に統合された通常警察もその準軍事的警察大隊がユダヤ人絶滅作戦にも活用されたということを合わせ考えれば、本章冒頭であげたような伝統的四象限モデルを適用しようとしてもそのまま当て嵌まらないことは明瞭であろう。戦線後背地域がナチ体制の外部と内部との間をなす領域になると同時に、ユダヤ人、東方のスラヴ系諸民族、パルチザンに対する根絶の闘争は、法に則った形をかなぐり捨てた闘争であり、「国家防護団」としてのSSが組織全体として、「安全確保」「平定」という名の「破壊」・殲滅戦を展開していたといってよい。

ポリタリー的SS

したがって、警察的機能(1)以外に挙げられていた他の二機能、民族の防護と軍事的対外膨張は、もとより特化した任務として、SS人種植民本部と武装SSに充当して考えることが可能であるが、(1)の警察的機能も含めてそもそも基礎的機関としての一般SSに宛《あてが》って想定されていたものであったといえよう。こうしてSSの全体としての機能を再吟味してみると、ヒムラーが構想していたものは、一種のポリタリー（ポリース＋ミリタリー）[*12]であったともいえ、国内はもとより外国においてでも秩序保障をなすためには、警察的機能をも果たす軍隊あるいは準軍事的な警察部隊というハイブリッド組織が必要であるという認識を踏まえたものであったといえるのではなかろうか。このポリタリーで含意されている現在的脈絡は、一種のアノミー的カオス的状況、現代の戦争・国際紛争下におかれた住民の生命や人権が著しく惨害・侵害を被るあるいは脅かされている状況であり、兵士の選抜・訓練・装備も、軍と警察の諸要素を総合したものを必要とするような緊急部隊、実態としては国連軍部隊やPKOのようなものが想定されるのが普通であるが、ドイツの近代史においては軍隊史と警察史は密接に連関し切り離して考察することが難しいという問題史に加え、二〇世紀前半の国家と暴力装置の絶えざるメタモルフォーゼを本章でも概観してきたように、分けても制度・任務の定義が絶えず流動変化しており、第三帝国の変貌途上、国民国家・主権国家から帝国的な組織へ膨張していくなかで、軍・警察のキャパシティも問われていた、そういうコンテクストの中でSSの位置価と役割も軍・警察の混合機能化というコンテキストに置き直し再考してみる価値があるといえよう。

しかし「ポリタリー」の概念・文脈でSSを再検討するという場合、「人種防護」という政治的世界観、イデオロギーを何より前面に出し、住民の生命や安全を守るのではなく、その世界観のためには眦《まなじり》を決して（敵）住民を抹殺することも厭わない部隊であったという点をまずおさえることが肝腎なところであって、この重大要素を抜きにした機能論としてのポリタリー考察は無意味であるといっても過言ではなかろう。

SSの機能に関するヒトラーとヒムラーの見方の相違をポリタリー概念に即していま一度吟味してみるとヒトラーはSSの武装化は認めつつも自分に最後まで忠誠を尽くす護衛部隊という意味で警察的機能を重視していたのに対しヒムラーのほうは、むしろ軍隊的機能をかなり重視したポリタリーとみなす傾向が強かった。

「特別任務用につくられたこのような親衛隊部隊と並んで、《一般親衛隊》は、元々政治的・世界観的な闘争団体（politisch-weltanschaulicher Kampfbund）の延長として親衛隊成員の統合体をなしている。それ以外では自らの職業的課題を達成しながら——《闘争時代》（ナチ党が野党だったヴァイマル共和国期）のようにナチ党の自発的『政治的兵士』として――国民社会主義（ナチ）思想の価値と具現を防護監視している。同時に一般親衛隊は、特別任務をゆだねられた全ての親衛隊部隊の成員をナチ民族運動との絶えざる生きた関係に保ち、専門的閉鎖化と全体運動からの乖離から親衛隊諸部隊をまもるという課題をになっている」*13とされていたように、一般SSは、ヒムラーにとってナチ世界観の酵母体であり、「兵士的・世界観的軍団」*14であった。

軍事的対外膨張の機能を宛われた武装SSの場合も基礎的機関としての一般SSとつねに結合していることによってのみ全体的課題に対応できるのだということが前提されていたことを忘れてはならないであろう。そして特別任務用につくられたSS部隊も含めて全体組織としてのSSを各地域、とりわけ戦線後方地域あるいは占領地域のSS部隊を統括するSS・警察高権指導者の役割について今まで以上に注視していく必要があるということも確認しておきたい。

4　ホロコーストにおける武装SSの多機能性

「東方における保安任務」

したがって武装SSの役割を再吟味する場合も、世界観の敵、とりわけ占領地住民がユダヤ人あるいは共産主義パルチザン（ないしはその影響を受けた人びと）とみなされていた対東方戦に際して抹殺しててんとして恥じない国家テロ遂行ポリタリーであった面を当然視野に入れておかねばならない。「東方における保安任務」をヒムラーは警察部隊と同時に武装SSにも与えていた。[*15] 現実的対外的契機が何らなくても、ひとりイデオロギー的な観点から敵意を集中していた標的としてのユダヤ人といった場合、「敵撲滅」で含意されていたのは、もとより年齢幅を「徴兵可能世代」に限定した男子であったが、第三章でも見たとおり、撲滅対象に拡大転換が起こったのは七月後半、そしてソ連ユダヤ系住民全体の抹殺へと移行した最初の部隊も武装SSであった。

以下の、SS第八歩兵連隊第八中隊の第四小隊指揮官アロイス・クネーベルに見られる行動様式は、突出した極端なそれで、「普通の、ノーマルなドイツ人」の場合とは考えがたいケースであるが、部下への示し、見せつけといった要素も多分に含むサディスティックなスタイルであると同時に世界(「世界観」)戦争時代のSSの本質を垣間見せるものであった。「ある村で、靴屋の二五~三〇歳代ユダヤ人カップルを駐屯本部に呼びつけたクネーベルは、さんざん痛めつけて強制的に軍靴を磨かせたあと平然とこのカップルを射殺。両親が殺される一部始終を見ていなければならなかった三歳前後のこどもは火のつくように泣き叫んだが、クネーベルは手をとってやさしく頭をなで、あやしてなだめすかした後抱き上げ、うなじを撃って殺害した。殺害される瞬間こどもは彼の腕の中だった[*16]」。

ユダヤ人の女性や子供にまで殺害対象を拡げることになった重要な一つの曲がり角になったのが、七月末バラノヴィチェにおけるヒムラーの指令であり、「ユダヤ人(男性)は全て射殺しなければならない。ユダヤ女は沼地に追い遣らねばならない」というヒムラーのこの指令には解釈の余地が生じ、それが現場の指揮官の解釈に委ねられる状態が暫く続いたのも第3章ですでに触れたとおりであるが、現場と関係部局、SS・警察高権指導者、ヒムラーの間での連絡のやりとりの中で、無差別の殺害というラディカルな方法が選択されていったのであった。結局ソ連で明確に皆殺しの方向に向かった武装SS三旅団は一九四一年末までに展開した「大作戦」で五万七〇〇〇名のユダヤ人を殺害した。*17

一九四一年夏以降の、ソ連・ユダヤ人に対する殲滅作戦の始動は、やがてポーランド東部（一九三九年九月以降ソ連占領地域）でもユダヤ人大量殺戮（射殺作戦）を繰り広げられていくことを意味するにいたったが、一九三九年以来ドイツに編入されたポーランド西部ヴァルテガウでは、一九四一年一二月から絶滅作戦が始まることになる。ウーチ（独名リッツマンシュタット）に近いヘウムノ（独名クルムホーフ）ではガス殺用有蓋トラックの運送密閉空間内で排気ガスを使った大量殺戮が始まり、*18 一九四一年～四四年に三二万のユダヤ人が殺害された。

ポーランド・ユダヤ人の絶滅

一九四二年一月二〇日のヴァンゼー会議での協議内容にもとづき、一九四二年三月からは（ポーランド）総督領でも大量殲滅が開始された。序幕は、ヒムラーがルブリン地区のSS・警察指導者オディロ・グロボチュニクと会談したあと始まった、ルブリンのゲットー（ユダヤ人居住区）解体であった。一九四一年ドイツに編入された東ガリツィアでも、三月折しも新たに開設されたベウジェツ絶滅収容所（総督領）に三万人のユダヤ人が強制移送された。五月はじめには開設されたばかりのソビブル絶滅収容所への移送が開始された。五月末には、総督領の中心、総督府のあるクラクフからも最初の強制移送が、この間殺人キャパシティを広げたベウジェツ収容所に向けておこなわれた。

七月に始動したトレブリンカ絶滅収容所へはワルシャワ・ゲットーからの強制移送が同月二二日から大々的に始まった。現在から振り返ってみれば、この段階までの、各地域不揃いで五月雨的ともいいうるプロセスと違っていたのは、かかるトレブリンカへの強制移送のこれまでにない規模の大きさで桁違いであったことに加え、アウシュヴィッツ収容所の複合収容所としての機能分化（第一収容所と区別されたビルケナウ収容所の絶滅収容所化）によって絶滅政策が決定的に促進されたことである。もちろんこれはヒムラーのイニシアティヴによるところが大きかった。彼は七月一七日アウシュヴィッツ収容所を訪問し、ビルケナウ収容所でのガス室についてユダヤ人の選別・殺害を検分・鑑定した。翌日にはルブリンでグロボチュニク、及びクリューガーとヒムラーの間で会談がおこなわれたが、一九日にはグロボチュニク、クリューガーに対して、一部の労働可能なポーランド・ユダヤ人を指定の強制労働収容所に入れる一方、総督領のその他のユダヤ人の殺害を一九四二年末までに完了するよう命令した。これによってSSは、ユダヤ人政策における権限で圧倒的に優勢となり、クリューガーはユダヤ人住民殺戮政策への各地区のSS・警察指導者の権限を当然視するようになった。ヒムラーのこの命令後、クラクフ、ワルシャワ、ラドム、ビヤウィストク、ルブリンの五地区全てから移送列車が絶滅収容所に向かった。ポーランド・ユダヤ人にとって、これに続く数ヵ月間が最も多い犠牲者を出す重大な運命の時となった。四二年三月～四三年二月に「ラインハルト作戦」[19]がフル回転し計一二七万人が殺害された。

総督領のユダヤ人の場合も「パルチザン撲滅闘争」という枠組みのなかで大量殺戮されていった。総督ハンス・フランクが総督領の治安問題を協議するため招いた当のヒムラーは、一九四三年五月末段階で、最後にまだ生き残っている二五万人のユダヤ人をどう始末するかという課題についてもそれは全く本質的決定的にこの地域でずっと持続している「治安平定」問題に属するとした。必要な措置が多少なりとも「不穏な動きや騒擾をひきおこす」のは間違いないとしながら、できるだけはやくこの措置をとる必要があるのは、ユダヤ人を絶滅してはじめて「最終的平安の前提が与えられるからだ」と理由づけていた。一ヵ月後ヒムラーは「パルチザン撲滅のための今後の措置」についての講演に際し、総督領の最後の絶滅政策実施に対するヒトラーの了解をとりつけ[20]、特にクラクフとガリツィアの強制労働収容所の数万人の人びとを殺戮した。また、いわゆる一九四三年一一月三・四日の「収穫祭作戦」によって、国防軍のための生産に従事していたルブリン地区のマイダネク、ポニアトヴァ、トラヴニキの労働収容所のユダヤ人労働者四万二〇〇〇人を殺害した。これはヒムラーが、同年八月のトレブリンカ絶滅収容所における絶望的蜂起と一〇月のソビブル絶滅収容所における反乱脱出のあとそれらに対する一種の「報復」として計画した収容所解体と組織的殺人であり、労働可能なユダヤ人も生存を許容しないという意味で絶滅政策でも突出した作戦であった。*21

ゲットー解体と絶滅収容所への強制移送

これまでポーランドのユダヤ人絶滅の執行者たちとしては、ゲスターポを核とする保安警察、さらに普通警察（秩序警察）のいくつかの部隊、それにSS訓練所トラヴニキの悪名高いウクライナ、ラトヴィア、リトアニアの対独協力者たち、総督領の行政機関を構成した人びとが歴史的関心の焦点になっていた。しかしながら、「ラインハルト作戦」展開中は再三再四、武装SSの諸部隊も動員されていたことが、キュッパースの最新の研究*22によって明らかにされたといえよう。一九四三年五月のヒムラーの覚書からも総督領には武装SSの部隊として一万七〇〇〇人の兵力規模（ほぼ一個師団スケール）で補充兵部隊の形で駐屯していたことがわかるが、これらの部隊が短期の作戦行動に用いられ、ワルシャワ・ゲットーの蜂起に対してもこの駐屯部隊が投入された点について、その組織的脈絡をきちんと証した研究は、SS研究やゲットー研究にもほとんどなく、この点はキュッパースの重要な貢献のひとつといえよう。ポーランド・ユダヤ人の殺害に大きく関与し、SS全国指導者司令部に下属するSS諸部隊と緊密に連携しながら補充部隊として活動したのがこの駐屯部隊であった。

ルブリン地区のザモシチではSS騎兵・自動車学校の兵士たちがユダヤ人絶滅にかかわった。SS第二騎兵連隊第三大隊は一九四一年夏ソ連で配置につきソ連ユダヤ人の大量殺戮をおこなうことになったが、元中隊長だったヨーゼフ・フリッツ少佐の下、騎兵学校の人員はザモシチに駐屯を続けていた。ユダヤ人強制労働者やユダヤ教信徒共同体から搾取・押収した金でもって兵舎・厩舎・乗馬大ホールそのものが構築されていた。四二年四月一一日からザモシチのユダヤ教信徒共同体に対する最初の絶滅作戦が開始されたときには、これら武装SSの部隊が移送途次での妨害あるいは足手まといになるユダヤ人の射殺にもベウジェッツ絶滅収容所への三〇〇〇人の強制移送にも関与した。

ラドム、ワルシャワ、その他のゲットーの最期

四二年八月はじめラドム地区では、中心都市ラドムで最初の大規模な絶滅作戦が展開された。ここでは一九四一年四月に編制された武装SS獣医中隊[*23]がラドム駐屯中、SS全国指導者配置司令部のための獣医大隊に拡大され、補充部隊として作戦に投入された。大隊兵士は、折しも師団に拡大されたSS騎兵部隊に配属されたが、大隊長に任ぜられたのは、この時三九歳だったハインリヒ・ヘルト博士[*24]SS大尉であった。彼はデッサウでアビトゥア（大学入学資格）取得後、イェーナとハレの大学で法学を学び、一九二九年ベルリンに赴き、今度は獣医学を学んで一九三六年には国家試験に合格しコースを修了、三七年一二月にはマクデブルク近郊で獣医病院を開業した。ベルリン時代にヒトラーの

政権掌握を経験したこの獣医生は、バスに乗り遅れまいとしてナチ党突撃隊に入っている。一九三三年から三六年まで国民社会主義（ナチ）ドイツ学生同盟の部長を務め、三三年五月には同時にSSに入隊、ヒトラー親衛旗（Leibstandarte）部隊で下士官教程に参加、第七騎兵連隊に勤務した。開戦後はSSシュプレー戦区から一九四〇年一月武装SSに召集され、（ポーランド）総督領ではSS髑髏騎兵連隊の獣医大隊に配属され、四一年八月大隊指揮を担当する者として司令部に転属、四二年八月一日ラドムで大隊長を拝命した。*25

ナチ・ドイツによるポーランド侵略前、ラドムには約三万人（ラドム市人口の約三分の一に該当）のユダヤ人が在住していた。西部ポーランドの併合による追放政策で一九四一年三月以降ラドムの中心部にゲットー（大ゲットー）が成立、さらにゲットー人口の膨張で、一九四一年四月始めには郊外グリニチェにもいま一つ小ゲットーが作られていたが、四二年八月五日早朝、ドイツ側によるラドム信徒共同体の破壊及び小ゲットーの解体が開始された。郊外小ゲットーでは六〇〇〇〜七〇〇〇名のユダヤ人が射殺されて大量強制移送が開始され、トレブリンカ絶滅収容所のガス室に送られる人びとの数は一万人に達した。八月一六日から一八日にかけての大ゲットー解体に際しては、一五〇〇〇名のユダヤ人が射殺され約一万五〇〇〇名がトレブリンカ行きの列車に押し込まれたが、数百人は周囲の森への逃亡に成功、その多くがパルチザン組織と出会うかあるいは自ら抵抗運動集団を創設してサヴァイヴァルをはかった。八月五日のグリニチェ・ゲットー解体に際しても、八月一六日からの大ゲットー解体に際しても、獣医大隊の兵士たちが参加した。この作戦実行時ラドムの獣医部隊で強制労働に就かせられて生き残ったモイシェシ・ゴルトベルクは、戦後ニュルンベルク裁判の法廷において、ラドムのSS獣医部隊の兵士たちがゲットー解体に直接参加したこと、ラドム地区の他のゲットー解体にも投入され、しばしば絶滅作戦終了直後、殺害したユダヤ人の数を鼻にかけるのを証人自身が耳にしたこと等を証言した。[*26]

ラドムでのゲットー殲滅作戦よりも二週間はやくすでにワルシャワ・ゲットーでは、トレブリンカへの強制移送が開始されていた。当時ヨーロッパ最大のユダヤ教信徒共同体が存在したワルシャワ・ゲットーは、一九四〇年一〇月ワルシャワ地区長官ルートヴィヒ・フィッシャーの指令によって北部の元ユダヤ人労働者地区のきわめて狭い所に設置され、一一月一六日には高い壁が構築され四五万人が封鎖された。五五万人と最高数に達する直前の四一年五月にはその半数が飢餓死に直面させられていた。戦前と比較しユダヤ人の死亡率は一〇倍となり、翌四二年には一五倍となった。ゲットー設置一年後には飢え・病気・栄養失調で一〇万人が死亡した。[*27]

一九四二年七月一九日ヒムラーが労働不能ユダヤ人の殺害を命じたあと、ドイツ側は《労働証明書を提示できない数十万人のユダヤ人は〈東方の〉収容所に移送される》という噂を意図的に流布させた。その結果、少しでも労働活動の形を得ようとその証明（→救命）を求めて殺到する動きが始まると、七月二二日ユダヤ人評議会の前にヘーフレSS少佐があらわれ、労働証明をもたない人間は「再定住」せられることになる、と告知した。彼の指令によればユダヤ人評議会は必要な措置執行の際ドイツ側を助けなければならないとされ、早速当日六〇〇〇名がトレブリンカに向けて移送された。以後数週間ワルシャワからは一日平均五〇〇〇〜六〇〇〇名が絶滅収容所に移送された。[*28] ゲットーにはヘウムノでの大量殺戮やルブリンでの虐殺の進行のニュースは届いていたが、自らの運命が移送後どうなるかゲットーの人びとには当初判らなかった。しかし反シオニスト組織ブンドのザルマン・フリドリチの決死の潜行でトレブリンカでの大虐殺も伝えられるにいたったのであった。元々の保証に反して七月末からは労働証明書をもっている人間に対しても強制移送措置がとられるに及んで集合地に来るユダヤ人は殆どいなくなってくる一方、ドイツ側や対独協力者への個別攻撃も増えてくる。ワルシャワの保安警察やウクライナ人はじめ補助勢力、さらには移送のために増強された約三〇〇名のユダヤ人警察でも、強制移送の組織化のためには十分でなくなり、移送が益々暴力で強制促進化されるにはワルシャワ駐屯SS騎兵師団予備部隊がさらに追加投入されることが必要になった。[*29] その中のSS騎兵訓練・補充大隊はまだ基礎訓練を終えたばかりの圧倒的に若い武装SSの補充兵から構成されていたし、この他傷病から回復したばかりの退院治癒部隊兵まで含まれていた。訓練・補充大隊は、髑髏騎兵二個連隊再編にかかわる一九四一年二月二六日のSS作戦本部長ユットナーの命令にもとづいて編制されたものであった。はじめに大隊は三個中隊と機関銃小隊から編制され、この小隊を幹として四二年七月の機関銃補充中隊が新設されて、これら四個中隊が、約一〇〇〇名のSS兵士全体の枠組み・構成を示したが、訓練された補充兵は騎兵部隊へ定期的に送られたから、大隊としての総員数は流動的であった。この大隊が九月五日から実弾を配られ本格的にゲットー解体に従事する前すでに、ワルシャワ・ユダヤ人二四万一〇〇〇人がトレブリンカに移送され殺害されていた。大隊自体は九月一二日までの一週間にあらゆる建物を捜索し見つけだした七万人を駆り立て、医師や看護士も含めて家畜用ワゴンに乗せトレブリンカに送り出した。動かせない病院の患者の射殺が象徴的に示していたが、ゲットー解体、トレブリンカへの強制移送に伴う混乱の中ゲットーや送り出し集荷場で殺害された人も五九六一名にのぼった。[*30]

大量移送終了後も武装SSの投入は続いた。治癒部隊はユダヤ人強制労働者数百名の補助も利用しながら移送されたユダヤ人の所有物を数週間かけて確保整理する任務に就いた。ゲットー内のひと気のなくなった家屋から武装SS隊員二名に平均三〇~四〇名配属させられたユダヤ人労働者が家具その他を持ち出し収集地まで運んだ。ルブリン、ラドム、ワルシャワ各地区における騎兵師団の三補充大隊の投入と並んで、デビカ駐屯の主幹大隊さらにクラクフ地区の武装SS部隊がデビカのユダヤ人虐殺に投入された。

クラクフ地区のユダヤ人虐殺は一九四二年五月末に始まった。総督領の首都における絶滅作戦が全地区ユダヤ人殲滅の序幕をなした。クラクフのゲットーは五月二九日以降、保安警察、都市警察、デビカ親衛隊主幹大隊の部隊によって徹底的捜索が展開され、六月九日までに計約三〇〇名のユダヤ人が現場で射殺され、七〇〇〇名がベウジェッツまで移送されて殺害された。その後クラクフ全地区でゲットー解体作戦が続けられた。

クラクフの最初の移送終了の二日後タルノフでユダヤ人殲滅が開始された。クラクフの東七〇キロに位置するこの都市では戦前は人口の半分を越える二万五〇〇〇人のユダヤ人が在住していた。デビカ大隊が参加した作戦は八〇〇〇名のユダヤ人をベウジェッツへ送り出した。同時に第一中隊がおこなった、四〇〇〇名の射殺は「地域範囲内での立ち退き」と婉曲表現された。六月一五～一八日ベウジェッツへの新たな強制移送がおこなわれ、また同時に武装SSが射殺作戦をになった。六月一九日ゲットーが設立され、残ったユダヤ人が押し込められたが、約三ヵ月後には「立ち退き」作戦が展開された。九月一〇日保安警察司令官支部、地方警察、SS大隊部隊の人員による選別のあと、労働証明書をもたないユダヤ人八〇〇〇名がベウジェッツへ送られた。四三年九月はじめのタルノフ・ゲットーの最終的解体まで殲滅作戦は続いた。

大隊兵士たちはその間にも四二年七月七日デビカの東四〇キロのライヒスホーフ（ユダヤ人一万四〇〇〇人在住、四二年一月ゲットー設立後、周囲の農村からも集められ二万三〇〇〇名に膨張）で作戦投入され、保安警察司令官支部、三〇七警察大隊第一中隊とともにデビカ大隊第一中隊がゲットーに侵入し、駆り立てと選別、貴重品の徹底捜索を行った上で、約一万五〇〇〇名を拘束し貨物駅からベウジェッツへ送り出した。駅まで連行する途次、三六〇名（うち子供の数だけでも九〇名）が射殺された。

一九四二年七月末プシェミスルでも武装ＳＳが投入された。サン河畔の人口六万人のこの都市はドイツの侵略で国防軍によって占領された後、一九三九年九月一四日サン河を夾んでソ連側とドイツ側に分割され、サン河が占領東部ポーランドとナチ・ドイツ総督領とを分かつ境界となった。住民の四割、二万四〇〇〇名のユダヤ人のうち七〇〇〇名が一九四〇年春東側へ移された。独ソ戦開始後六日目の四一年六月二八日ドイツ軍によって再び市の東側が占領されることになった。さらに東へ脱出したユダヤ人等構成員が減ったユダヤ教信徒共同体の人員はこの段階で一万七〇〇〇名を数えたが、一九四二年夏までに周辺地域から五〇〇〇名が集められた上で七月一四日・一五日ゲットーが設置され、封鎖された。

七月二七日開始予定であった絶滅作戦は、あらかじめ連絡・協議なしのゲットー解体については認めがたいとしたプシェミスル地区司令官マクス・リートケ少佐及びリートケの副官で中尉のバッテル博士による二六日の行動（サン河にかかる橋を封鎖する一方、ゲットーから約一〇〇名の強制労働者を軍需上不可欠という理由で保護する措置をとった）、また総督領軍司令官の介入、クラクフのＳＳ・警察指導者の同意等で、一時混乱したが、武装ＳＳが二七日ゲットー解体のため出動し、六五〇〇名をベウジェツへ送り出し、三一日、八月三日にもそれぞれ三〇〇〇名ずつ狩りだし絶滅収容所へ強制移送した。

八月一〇日にはクロスノから二五〇〇名をこえるユダヤ人をベウジェッツに送り、二八日には約八〇〇名の成員をもつヴィエリシュカ・ユダヤ共同体を解体し、九月五日にはヴォルドロムから五〇〇名を強制移送した。数ヵ月にわたってデビカ大隊は地区全体を掃討し、なお生存していた人びとも一二月はじめ射殺した。[*31]

絶滅のアルバイター

かくして武装SSは騎兵部隊を中心に総督領のほとんどの地区でゲットーやユダヤ共同体の解体・殲滅に中心的にかかわり、各地域の行政官を含む「最終解決」担当者は、ユダヤ人殲滅に特化して訓練を受けたわけでもないSSの武装部隊を当てにすることができたのであった。一九四一年夏のソ連ユダヤ人絶滅政策始動における武装SSの役割の重大性を第3章でみたわけであるが、本章ではその後のポーランドにおける武装SSの役割がどのようなものであったか、以上、一部の補充部隊に焦点をしぼることで確認してみた。従来の歴史研究では、ソ連ユダヤ人絶滅の政策が動き出してのち数ヵ月経過し殺害方法の再検討も経てポーランド・ユダヤ人の絶滅政策が本格的に展開されていく過程とその意味合い自体、十分に明らかにされていなかったように思われる。ブラウニングの近年の研究がようやくソ連・ポーランドにおける一連の事態連関を総体的に明らかにし始めているといえよう。かかる研究動向の中で四一年~四二年のホロコーストの本格的展開という問題連関における武装SSの役割を本章のような形で明らかにし、これまで現代史研究でほとんど検討されていなかったといわざるをえないSS・武装SSの歴史的定義についても抽象的なスコラ的議論としてではなく、歴史の現実的脈絡に据える形で合わせて再吟味することが、けっして無駄ではなくナチズム研究においてそれなりに意味があるという点も御理解いただいたのではなかろうか。

武装SSのポーランドでの役割は、ソ連におけるそれと同様、SSレベルでは基本的に「政治的平定」という標語でまとめられるものであったが、ゲットーの解体、それに伴う現場でのユダヤ人の大量射殺、絶滅収容所への強制移送、絶滅収容所での組織的ガス殺と実際には実に多面的な内容を含んだ任務であった。しかも同時期、他方では、武装SSの野戦戦闘部隊はソ連戦線において他の国防軍部隊とともに闘っており、そうした意味では世界観的ポリタリーとしての武装SSの構成員の「多価性」[*32]について、ヴェークナーの研究で特徴的に指摘された「全体性」よりももっと多機能であったという意味合いにおいてあらためて目を向ける必要がある。

さらに一九四二年七月一七日のヒムラーのアウシュヴィッツ訪問、同月一九日における労働不能ユダヤ人抹殺に関する彼の指令は、トレブリンカ絶滅収容所の始動による「ラインハルト作戦」の全面展開、アウシュヴィッツ・ビルケナウにおける毒ガス・ツィクロンBによる大殺戮のフル回転化を併走させていくホロコーストの本格的段階への突入を意味するものだったといえ、四二年末までにポーランド・ユダヤ人の絶滅を期したというにとどまらず、四二年一月二〇日のヴァンゼー会議で確認されたヨーロッパ・ユダヤ人の絶滅に実質的にいよいよ不退転の決意で乗り出す重大な起点を画するものだったといえよう。本章で見たとおり「ラインハルト作戦」に武装SSの各部隊が重大な形でコミットしていった点はもとより、第4章で分析したごとくSSの武装SS作戦本部の衛生組織がアウシュヴィッツの「死の大量生産」工程にも決定的にかかわっていったプロセスをいま一度振り返ってみれば、武装SSの兵士といわず将校といわず、ホロコーストに関与したその様態は、エルンスト・ユンガーが第一次世界大戦の「機械戦争」化の様相の中で、将校であれ兵士であれ、いずれを問わず戦争機械の「労働者」に一律に変貌したという『(戦争の)労働者 Die Arbeiter』論の顰《ひそ》みにならってみると、いわば一律に「(ユダヤ人)絶滅の労働者」への転成をみる局面なのであり、対ソ連戦を通じてヨーロッパ・ゲルマン軍団という名の多民族部隊化[*33]をみた武装SSのメタモルフォーゼ(変身・変体)も、以上のような機能・役割面についての考察を欠くならば、武装SSの複合的全体像を、したがってまたナチ親衛隊そのものの総体を捉えたとは、言い難いのではあるまいか。

注記

〈「武装親衛隊神話」を超えて〉

＊1　「新しい戦争」の時代に対応した兵士タイプ如何を研究の中心テーマにしているわけではないが、国際平和維持活動における多機能型ＰＫＯないし複合型ＰＫＯ等、そこに参加する兵士のありようも考えさせる示唆的な論稿として、等雄一郎「国際平和支援活動（ＰＳＯ）における民軍関係」『レファレンス』二〇〇七年三月号、参照。

＊2　第三帝国期ドイツ国防軍の陸軍の戦功を轟かせた代表的な軍人マンシュタイン元帥は、「武装親衛隊の諸部隊はよき戦友として陸軍と並び前線にあってつねに勇敢さと持ち場不動の姿を示したことを忘れてはならない。武装親衛隊がヒムラーの権力領域から脱して軍に属するなら陸軍が歓迎したであろうことは間違いないのに」と述べ、武装ＳＳがＳＳの傘下にあったことを認めている。Cf. Erich von Manstein, *Verlorene Siege*, Bonn 1955, S. 188.

＊3　Paul Hausser, *Soldaten wie andere auch. Der Weg rach der Waffen-SS*, Osnabrück 1966.

＊4　国防軍は、第二次世界大戦後一般のドイツ人にも、また世界の人びとにも正常な軍隊としてホロコースト犯罪に無縁であると考えられていた。一九九五年以後とくにバルカンやベラルーシ等でのドイツ国防軍率先のホロコースト含むジェノサイド犯罪について Hannes Heer/Klaus Naumann（Hg.）, *Vernichtungskrieg*, Hamburg 1995等が精力的に明らかにしているが、古い世代の保守派等になお根強い国防軍の伝統的なイメージを突き崩すのは容易ではない。

＊5　裁判分析かつ強制移送史叙述としても代表的な古典的研究としては、Ｈ・アーレント『イェルサレムのアイ

ヒマン』大久保和郎訳（みすず書房　一九六九年）（原著は六五年刊）が挙げられよう。

＊6 Martin Broszat/Hans Buchheim/Hans-Adolf Jacobsen/Helmut Krausnick, *Anatomie des SS-Staates*, 2 Bde., München 1967.

＊7 Bradley F. Smith, *The Road to Nuremberg*, New York 1981, S. 114-130.

＊8 守屋純「武装ＳＳと戦争犯罪」『武装ＳＳ全史Ⅱ（欧州戦史シリーズ第一八巻）』（学習研究社　二〇〇二年）、一五五頁。

〈第1章〉

＊1 Robert Koehl, *The Black Corps. The Structure and Power Struggle of the Nazi SS*, Madison 1983, S. 12.

＊2 以下、ＳＳ全国指導者の交代については、公刊史料 Albrecht Tyrell（Hg.）, *Führer befiehl-Selbstzeugnisse aus der 'Kampfzeit' der NSDAP*, Düsseldorf 1969, S. 356ff.

＊3 芝健介「ナチズム・総統神話と権力―党大会における象徴化の過程」『シリーズ　世界史への問い　七　権威と権力』（岩波書店　一九九〇年）、一八八〜一八九頁。

＊4 ヒムラーの人物像については、芝健介「ヒムラーとハイドリヒ」『歴史読本　特集ヒトラーの謎』（一九八六年）所収、参照。

＊5 SS-Ordnung Nr.1 v. 13. September 1927. T-580/Roll 23/folder 425. 同じＳＳ命令の中では、はじめてニュルンベルクで開いた第三回ナチ党全国党大会において総統の警護組織としてＳＳに合格点をつけながら、バイエルン民族衣装革製半ズボンのレーダーホーゼン着用がもたらす雑駁なイメージに苦言を呈し、黒のスポーツ・ズボン、黒ネクタイ、黒の帽子と褐色のシャツのナチ制服以外は黒で統一することを求め、毎月行動（制服制帽でナチ党地方組織の最初の討論集会に出席すること。但し議論に熱中しないこと。演習と歌唱が実践さ

れる訓練集会をおこなうこと。政治宣伝行進ないし近隣のSSとの共同開催ミーティングを実施すること）も定めているところに、全国指導者代理ヒムラーの「面目」が出ていたといえよう。

*6 SSの隊員数は、一九二五年末、約一〇〇〇名。一九二六年始、約二〇〇名。一九二七年始、九五一名。一九二九年一二月、一〇〇〇名。一九三〇年一二月、二七二七名。Vgl. Ermenhild Neusüß-Hunkel, ***Die SS***, Hannover/Frankfurt a. M. 1955, S. 7; Wolfgang Horn, ***Der Marsch zur Machtergreifung. Die NSDAP bis 1933***, Düsseldorf 1972, S. 296f. u. 401.

*7 芝健介「ナチズムと民衆―ファシズム前夜ドイツ社会の危機」『歴史地理教育』六五一号（二〇〇三年三月）、二二一～二二六頁。

*8 黒は権威をあらわし、また髑髏はプロイセン王の親衛騎兵連隊が用いたシンボルで「死をおもえ」という戒めの象徴であると同時にエリート性をあらわす標でもあった。

*9 特に外部、なかんずく軍からのSS幹部への迎え入れの場合は、この年齢基準は適用されず、三〇歳をはるかに超えていたケースも少なくない。

*10 一九三二年一〇月四日の命令。Bundesarchiv（以下BAと略記）, Sammlung Schumacher 433.

*11 Peter Longerich, "SS and the Police," Walter Laqueur (Hrsg.), ***The Holocaust Encyclopedia***, New Haven/London 2001, S. 604. 邦訳はウォルター・ラカー編、井上茂子・木畑和子・芝健介・長田浩彰・永岑三千輝・原田一美・望月幸男訳『ホロコースト大事典』（柏書房 二〇〇三年）、二六一頁も参照。

*12 "Vereidigung der SS", NS 31/378, BA.

*13 "Entstehung und Geschichte der SS", SS-Leithefte, 2-9, Dezember 1936, S. 11.

*14 Josef Ackermann, ***Heinrich Himmler als Ideologe***, Göttingen/Zürich/Frankfurt 1970, S. 141.

*15 Kensuke Shiba, "Hitlers Herrschaft und Kriegsführung", Ronald Luprecht/Dietmar Petzina (Hrsg.),

Geschichte und Identität II: Deutschland und Japan im 2. Weltkrieg, Bochum 1993.

＊16 村上淳一『ゲルマン法史における自由と誠実』（東京大学出版会 一九八〇年）、一六六～一六七頁。村上氏のこの著書では Treue は、従者・従臣の側の対主人・主君関係のみならず主人・主君の側の対従者・従臣関係の問題としてもとらえる観点から、誠実という訳語が当てられているが、もっぱら前者側の問題としては忠誠という訳語で差し支えないであろう。エーレンベルク自身についても、村上氏のこの著書を参照せよ。

＊17 同、一四～一六頁。

＊18 同、一六九頁。以下の二ヵ所も同書、同頁からの引用である。《契約的誠実》は、ドイツ的なものでないとされた（同、一六八頁）。

＊19 *Völkischer Beobachter* v. 22. März 1937 : Alfred Vagts, ***A History of Militarism*** (London 1959). アルフレート・ファークツ『軍国主義の歴史 Ⅳ』望田幸男訳（福村出版 一九七四年）、九四頁。

＊20 *Der Prozess gegen die Hauptkriegsverbrecher vor dem Internationalen Militärgerichtshof 14. November 1945–1. Oktober 1946*, Bde. 42, Nürnberg 1947–1949（以下では英語版シリーズの略記表現ながら独語版でも共通に頻用されるIMTを使用、ここでの引用箇所は）*IMT, Bd. 29*, S. 149 (Doc. 1919-PS).

＊21 ここで「忠誠義務違反」としてヒムラーが含意していたのは、イタリアの最近例で、ムッソリーニに対するバドリヨの「裏切り」行為であった。ヒムラーの演説は、ムッソリーニ失脚、バドリヨ政権成立（一九四三年七月二五日）、バドリヨ政府、連合国に降伏（九月三日）、バドリヨ政府、ドイツに宣戦（一〇月一三日）、というイタリアの事態の急変を背景にしていたのである。バドリヨのような例をドイツで再演させないし、まずこういう事態はドイツでは起こりえない、としていたわけであるが、その一年後にはヒムラー自身、スウェーデンのベルナドッテ伯爵を通じて秘かに連合国との独自の講和交渉に手を染め、四五年四月、最後の最後に、これをヒトラーに知られ、すべてのタイトルを剥奪されることになる。

＊22　Martin Broszat（Hg.）, *Rudolf Hoess: Kommandant in Auschwitz. Autobiographische Aufzeichnungen*, München 1978, S. 69.『《所長ルドルフ・ヘスの告白遺録》アウシュヴィッツ収容所』片岡啓治訳（講談社学術文庫　一九九八年）も参照。

＊23　Herbert Jäger, *Verbrechen unter totalitärer Herrschaft*, Frankfurt a. M. 1982, S. 148.

＊24　"Kameradschaft. Ihr Sinn, ihre Pflege und ihre Anwendung", November 1936, Sammlung Schumacher 477, BA.

＊25　『ヘスの告白遺録』八三〜八四頁。なおゲオルク・ジンメルの『社会学』の「秘密と秘密結社」の章には、フェーメ（Vehme, Feme, Fehme）についての言及がある。居安正訳『秘密の社会学』（世界思想社　一九七九年）、九五頁以下。原著はSoziologie, Berlin 1908.

＊26　同、八二頁。ホェースはひとりの元国民学校教員を裏切り者と錯認し虐殺した罪で一〇年の判決を受け一九二四年から下獄していたが、ヒムラーに拾い出されて結局SSに入隊する。

＊27　Felix Kersten, *Totenkopf und Treue. Heinrich Himmler ohne Uniform*, Hamburg n.t. S. 304.

＊28　Yoash Meisler, "Himmler's Doctrine of the SS Leadership", *Jahrbuch des Instituts für Deutsche Geschichte*, 8 (1979), S. 402.

＊29　Ackermann, a.a.O., S. 122.

＊30　Werner Best, "Der Krieg und das Recht", Ernst Junger（Hrsg.）, *Krieg und Krieger*, Berlin 1930, S. 150.

＊31　Ebenda, S. 151.

＊32　この問題史では、一九三〇年代の政治世代論に特に影響力をもったギュンター・グリュンデルが著書『若い世代の使命』E. Günther Gründel, *Die Sendung der jüngen Generation*, München 1932. で提起した三つの世代区分概念（「若き前線世代」「戦時青少年世代」「戦後世代」）の中で規定され特化された戦時青少年世代にあらた

めて注目し、わけても「ザハリヒカイト Sachlichkeit」（則物主義）という規定に着目し、何が、あるいはまたどのような過程、社会的回路が、ラディカルな行動主義、民族至上主義への傾きを強く持った世代統一へと、この世代、就中大学生を導いていったのか、委曲を尽くして探求し、ヴェルナー・ベストの思想と行動を新たな角度から見事に分析した、ウルリヒ・ヘルベルトの研究を吟味する必要がある。参照、U・ヘルベルト「則物主義の世代――一九二〇年代初期の民族至上主義学生運動」（上・下）芝健介訳『みすず』四九三・四九四号（二〇〇二年四月・五月）

＊33　このような、上部構造がなければ人種の差異（「科学的」生物学的《下部構造》ヴァリアブル）に価値を充当することはできない、という、一種マルクス主義的な唯物論経済学の上部構造と基礎（あるいは基底ないし下部構造）の論理構成にも似た、しかも規定の向きが逆倒された人種生物学的還元論は、ナチ時代にいろいろなヴァリエーションをもって展開されていた。Cf Meisler, a. a. O.

＊34　Ackermann, a. a. O., S. 111.

＊35　「ヒットラアの『我が闘争』」『朝日新聞』（一九四〇年九月一二日）。小林は「ヒットラアと悪魔」『文芸春秋』（一九六〇年五月号）で、この書に対する二〇年前の自らの把握の仕方について再論している。

＊36　まなじりを決して「真犯人追及」を展開するヒトラーの筆法は、かつて神聖ローマ帝国ドイツを中心に猖獗をきわめた魔女追及の方法、つまり或る人びとを「悪魔」化する論法とかわらなかったともいえよう。

＊37　ヒトラーのこの書もナチス外ではあまり読まれなかったといわれるが、ナチズムの歴史は、また他の勢力による過小評価の歴史であった点も看過されてはならないところである。参照、カール・ディートリヒ・ブラッハー『ドイツの独裁　I』山口定・高橋進訳（岩波書店　一九七五年）、

＊38　*IMT*, a. a. O., S. 145f（Doc. PS-1851）.

＊39　Ebenda, S. 207f.

＊40　Ebenda, S. 15.

＊41　芝健介「国家保安本部の成立　一九三九年」井上茂子・木畑和子・芝健介・永岑三千輝・矢野久『一九三九—ドイツ第三帝国と第二次世界大戦』（同文舘出版　一九八九年）の、とくに第一節「ゲシュタポの創設」の項、参照。Longerich, a. a. O.

＊42　Berlin Document Center（以下ＢＤＣと略記）: Personalakte Josef Dietrich ; *Adolf Hitler und seine Kämpfer. 288 Braunhemden im Reichstag*, München 1933, S. 45.

＊43　以下の記述は、基本的に芝健介「ナチ武装親衛隊の成立」『國學院雑誌』八二巻二（一九八一年二月）による。

＊44　「レーム事件」の全体像については、ノルベルト・フライ『総統国家—ナチスの支配　一九三三〜一九四五年』芝健介訳（岩波書店　一九九四年）、第一部、参照。

＊45　芝健介「ヴァイマル末期の国防軍とナチス」『歴史学研究』四八二号（一九八〇年七月）

＊46　すぐあとのヒトラーの、ディートリヒへの約束も合わせ、参照、黒川康「《レーム事件》の経過とその意義」『季刊　社会思想』三—三・四、六六頁以下。

＊47　以上にあげた、軍の指令（特にレーム事件以降発せられた三四年のSS武装部隊関連指令）については、参照、Volker Ernst, "Zusammenarbeit von Reichswehr und SS-Führung bei der Aufstellung einer bewaffneten SS Ende 1934", *Militärgeschichte*, Bd. 18（1979）, Nr. 6, S. 711ff.

＊48　Otto Gritschneder, "Dienstag, 1. April 1924, 10 Uhr 5 Minuten : Urteilsverkündung im Hitler-Prozess. Fünf Jahre Festungshaft – nur auf dem Papier/Rechtsbeutung im Namen des Gesetzes" *Süddeutsche Zeitung* v. 2./3./4. April 1994, S. 40.

＊49　Charles W. Sydnor, Jr., *Soldiers of Destruction. The SS Death's Head Division, 1933–1945*, Princeton 1977, S. 3

–9.「安楽死」とハイデの役割については、参照、ヘンリー・フリードランダー「安楽死」木畑和子訳、W・ラカー編『ホロコースト大事典』井上茂子・木畑和子・芝健介・長田浩彰・永岑三千輝・原田一美・望田幸男訳（柏書房　二〇〇三年）、四一〜四五頁。

＊50　“Der Inspekteur der Konz.–lager und Führer der SS–Totenkopfverbände. Tgb. Nr. Fl/777” v. 6. Juni 1936, NS 17/47, BA.

＊51　Ebenda.

＊52　SS–Verordnungsblatt 1:11, T–611 / Roll 3/f. 429.

＊53　Nbg. Dok. 647–PS, *IMT*, Bd. 26, S. 190–198.

＊54　Bradley F. Smith/Agnes F. Peterson（Hrsg.）, ***Heinrich Himmler. Geheimreden und andere Ansprachen***, Frankfurt a. M./Berlin/Wien 1974, S. 119.

＊55　T–175/Roll 104/2626774; Bernd Wegner, ***Hitlers politische Soldaten: die Waffeu. SS 1933–1945. Studien zu Leitbild, Struktur und Funktion einer nationalsozialistischen Elite***, Paderborn 1982, S. 127.

＊56　Verzeichnis Gen. insp. verst. SS–TS, Stand 18. Februar 1940, Bundesarchiv Berlin（以下BABと略記）, NS 19/350; Stärkemeldung dess. V. 90 April 1940, ebenda.

＊57　ヨアヒム・フェスト『ヒトラー最期の12日間』鈴木直訳（岩波書店　二〇〇五年）。

＊58　以下、フェーゲラインの経歴及びSS入隊後の活動については、参照、Stammkarte Fegelein, BAB, SSO Hermann Fegelein.

〈第2章〉

＊1　“Kommt das Gesetz gegen Rasseverrat?” in: ***Das Schwarze Korps*** v. 10. März 1935.

＊2　芝健介「工場拉致作戦とローゼンシュトラーセ事件—一九四三年の事態をめぐる記憶と歴史の問題」『みすず』五二二号（二〇〇四年一一月）、四四～四五頁。

＊3　Lutz Hachmeister, *Der Gegnerforscher. Die Karriere des SS-Führers Franz Alfred Six*. München 1998, S. 181.

＊4　Jürgen Matthäus/Konrad Kwiet/Jürgen Förster/Richard Breitman, *Ausbildungsziel Judenmord? 《Weltanschauliche Erziehung》 von SS, Polizei und Waffen-SS im Rahmen der 《Endlösung》*. Frankfurt a. M. 2003. の諸論攷と第二部の文書、写真等の公刊史料、参照。

＊5　北方種（ないし純粋北方種）（＝Nordisch 正確には Nordische Rasse）とは、ナチズムの時代の理解では、あらゆる人種に優越するゲルマン人種で、ゲルマン文化の樹立者。ヨーロッパで唯一指導の資格があるとされ、ドイツ民族が構成される六つの種の中で六〇～七〇％を占める。高身長、ブロンドの髪、碧眼、長頭。行動力、高実績達成意欲、男らしさ、鋭敏、創造的才能をもつ（Horst Seidler/Andreas Ritt. *Das Reichssippenamt entscheidet. Rassenbiologie im Nationalsozialismus*, Wien 1982）。ＳＳに受け入れ可能なドイツ民族種の第一が北方種で、さらにフェーリッシュ（Fälische Rasse 男子—大柄、どっしりした体躯、長頭、幅広顔、かなり幅の狭い鼻、ウェーヴあるいはカールした髪。女性—顔白、ブロンド、碧眼ないし灰色、ローズホワイト肌）、ヴェスティッシュ（Westische Rasse 男子—小柄、細身、長頭、中間的広さの顔、かなり幅の狭い鼻、ウェーヴあるいはカールした髪。女子—茶色、黒髪、黒目、淡褐色肌）も含めて、六種中この三種までが、入隊を認められていた（H・ヘーネ『髑髏の結社＝ＳＳの歴史』森亮一訳、フジ出版社　一九八一年）。上記の容姿・体形・性格の形容自体は、第三帝国当時のポスター等に掲げられたポピュラーな分類基準（Hagen Schulze, *Germany: A New History*, London 1998, S. 252）として示されたもの。ちなみにノルディッシュの形容は、男性：大柄、細身、長頭、細面、幅の狭い鼻、ウェーヴした髪。女性：顔白、髪ゴールドブロンド、碧眼ないし灰色、ローズホワイト肌、となっている。ユダヤ人以外でも、東方系とアルプス系の混血種

や、外来非ヨーロッパ種は、SSへの入隊を認められていなかったが、戦時期には武装SSの多民族化にともなってかかる基準は厳格にまもられなくなったといえよう（芝健介『武装SS―ナチスもう一つの暴力装置』講談社　一九九五年、参照）。

*6 Matthäus/Kwiet/Förster/Breitman, a. a. O., S. 174（Dokument 6）.

*7 Begleittext zum Lichtbildervortrag（undat./Anfang 1936）, BAB, NS 31/163.

*8 SS-Leitheft 3, 22. April 1936, S. 7ff.

*9 Peter Longerich, *Politik der Vernichtung. Eine Gesamtdarstellung der nationalsozialistischen Judenverfolgung*, München 1998, S. 116f.

*10 ゲスターポと親衛隊保安部の軋轢と統合の過程については、参照、芝「国家保安本部の成立」。

*11 George C. Browder, *Foundations of the Nazi Police State. The Formation of Sipo and SD*, Lexington 1990, S. 187ff.

*12 Richard Breitman, “《Gegner Nummer eins》Antisemitische Indoktrination in Himmlers Weltanschauung”, in : Matthäus/Kwiet/Förster/Breitman, a.a.O., S. 26.

*13 Reinhard Heydrich, “Aufgaben und Aufbau der Sicherheitspolizei im Dritten Reich”, in : *Der Deutsche Polizeibeamte*, 15. April 1937.

*14 山口定『ナチ・エリート』（中央公論社　一九七五年）、六三―六五頁。

*15 “SA, SS, Polizei!”, in : *Der Deutsche Polizeibeamte* v. 1 September 1933, S. 11.

*16 Holger Berschel, “Polizeiroutiniers und Judenverfolgung. Die Bearbeitung von《Judenangelegenheiten》bei der Stapo-Leitstelle Düsseldorf”, in: Gerhard Paul/ Klaus-Michael Mallmann（Hrsg.）, *Die Gestapo im Zweiten Weltkrieg.《Heimat》und besetztes Europa*, Darmstadt 2000, S. 163-165.

*17 Avraham Barkai/ Paul Mendes-Flohr, *Aufbruch und Zerstörung 1918-1945* [Deutsch-Jüdische Geschichte in der Neuzeit, Bd. 4], München 1997, S. 38.

*18 第二次世界大戦前のユダヤ人囚人の数に関して、確実に依拠できる研究は現在ではまだ殆どない。とりあえず参照できるものとして、Vgl. Detlef Garbe, "Absonderung, Strafkommandos und spezifischer Terror: Jüdische Gefangene in nationalistischen Konzentrationslagern 1933 bis 1945", in: Arno Herzig/ Ina Lorenz (Hrsg.), *Verdrängung und Vernichtung der Juden unter dem Nationalsozialismus*, Hamburg 1992, S. 173-199.

*19 開戦期までのユダヤ人政策に関しては、参照、芝健介「〈第三帝国〉初期のユダヤ人政策—パレスティナへの移送問題を中心に」『國學院大學紀要』二〇巻（一九八二年）。

*20 Rudolf Höss, *Kommandant in Auschwitz*, München 1978, S. 58（第一章 *22と同じ文献）.

*21 Garbe, a.a.O., S. 176f.

*22 本書第1章、参照。

*23 Falk Pingel, "Konzeption und Praxis der nationalsozialistischen Konzentrationslager 1933 bis 1938. Kommentierende Bemerkungen", in: Ulrich Herbert u. a.(Hrsg.), *Die nationalsozialistischen Konzentrationslager. Entwicklung und Struktur*, Bd. I, Frankfurt a.M. 2002, S. 152.

*24 *IMT*, Bd. 29, S. 228f.

*25 Bernd Wegner, "Anmerkungen zur Geschichte der Waffen-SS aus organisations- und funktionsgeschichtlicher Sicht, in : Rolf-Dieter Müller/ Hans-Erich Volkmann (Hrsg.), *Die Wehrmacht. Mythos und Realität*, München 1999, S. 406.

*26 Klaus-Jürgen Müller, *Armee und Drittes Reich*, Paderborn u.a. 1987, S. 213.

*27 "Die Idee wird Gestalt", in : *Das Schwarze Korps* v. 19. Juni 1935. このSS機関紙『黒色軍団』では「純粋な

理念の闘争における非妥協性」をくりかえし強調した（Ebenda, 31. Oktober 1935)。

＊28 Alfred Rosenberg, *Der Mythus des 20. Jahrhunderts. Eine Wertung der seelisch-geistigen Gestaltenkämpfe unserer Zeit*, 95–98. Aufl., München 1936, S. 114.

＊29 Ibid., S. 2f.

＊30 Werner Schubert（Hg.）, *Volksgesetzbuch, Teilentwürfe, Arbeitsberichte und sonstige Materialien*［Akademie fur Deutsches Recht 1933–1945. Protokolle der Ausschusse, hg. v. W. Schubert/ W. Schmid/ J. Regge, Bd. III］Berlin/ New York 1988, S. 45.

＊31 *Das Schwarze Korps* v. 11. März 1937.

＊32 Mario Zeck, *Das Schwarze Korps. Geschichte und Gestalt des Organs der Reichsführung SS*, Tübingen 2002, S. 304f.

＊33 Dienstanweisung des Chefs des Rasse– und Siedlungsamtes（Darré）für die Schulungsleiter der SS, 16. Oktober 1934, BA NS 2/277.

＊34 Martin Cüppers, *Wegbereiter der Shoah. Die Waffen–SS, der Kommandostab Reichsführer–SS und die Judenvernichtung 1939–1945*, Darmstadt 2005, S. 117.

＊35 ゲスターポが万単位規模でのユダヤ人拉致（ドイツ国内では空前絶後の強制移送）を行ったのも、この段階ではSAの暴力からのユダヤ人保護を目的にしていたというのが従来の一般的見方であったが、これも修正されねばならない。

＊36 Harry Stein, “Das Sonderlager im Konzentrationslager Buchenwald nach den Pogromen 1938”, in: Monika Kingreen（Hrsg.）, 《*Nach der Kristallnacht*》*. Jüdisches Leben und antijüdische Politik in Frankfurt am Main 1938–1945*, Frankfurt a. M./New York 1999, S. 19ff.

＊37 Anweisung Himmlers vom 1. August 1938, BA NS 31/155.

＊38 Bradley F. Smith/Agnes Petersen (Hrsg.), ***Heinrich Himmler. Geheimreden 1933–1945 und andere Ansprachen***, Fraqnkfurt a. M. 1974, S. 37.

＊39 "Wohin mit den Juden?"（ユダヤ人をどこに？）(***Das Schwarze Korps*** v. 10. Februar 1938), "Schulung hat nichts mit Schule"（学習は学校とは関係ない）(Ebenda v. 17. Februar 1938), "(Bildberichte : Die Pest von Wien（ウィーンのペスト）" (Ebenda v. 14./21./28. April 1938).

＊40 Ebenda v. 24. November 1938.

＊41 Ebenda v. 26. Januar 1939.

＊42 Notizen Heydrichs, National Archives, T–175, Roll 15, f. 2520613.

＊43 Hans Mommsen, "Hitler's Reichstag Speech of January 1939", in: ***History & Memory***, Jg. 1, H. 2 (1997), S. 147ff.

＊44 "Grundriss Nr. 19: Judentum" der "Arbeitsgemeinschaft für SS–Führer–Anwärter", o. D. (Frühjahr 1939), BA, R 58/844.

＊45 Ausarbeitung für eine Rede Himmlers vor Polizeioffizieren in Stettin am 16. Februar 1939, National Archives T–175, Roll 90, f. 2612480ff.

＊46 Berlin Document Center, Personalakten Otto Hellwig ; Ernst Klee, ***Das Personenlexikon zum Dritten Reich. Wer war was vor und nach 1945***, Frankfurt a.M. 2003, S. 243 ; Alexander B. Rossino, "Nazi Anti–Jewish Policy during the Polish Campaign : The Case of the Einsatzgruppe von Woyrsch", in : ***German Studies Review*** 26 (2001), S. 36. これに同様にプレチュの国境警察学校生四〇～五〇名も加わり、メクレンブルク・フュルステンベルク警察学校教程に参加した訓練生もヴォイルシュ指揮下の行動部隊へ配属になった（Breitman, a.a.O.,

S. 31f)。

＊47 Klee, a.a.O., S. 568f.

＊48 Kensuke Shiba, "Die Kriegsverbrecherprozesse von Nürnberg und Tokio", in : Bernd Wegner (Hrsg.), *Wie Kriege enden*, Paderborn u.a. 2002, S. 278.

＊49 Walter Zirpins, "Das Ghetto in Litzmannstadt –kriminalpolizeilich gesehen", in : ***Kriminalistik***（Oktober 1941）; auch in : ***Die Deutsche Polizei*** 1, 15. November; 1. Dezember 1941; Klee, a.a.O., S. 697.

＊50 Ebenda, S. 232. u. 690 ; Breitman, a. a. O., S. 32.

＊51 Schulungsexposes von SS-Sturmbannführer Paul Zapp zur "Judenfrage", National Archives, T-175, Roll 15, f. 2518530–2518542.

＊52 Bernd Wegner, ***Hitlers Politische Soldaten: Waffen-SS 1933-1945***, Paderborn 1982, S. 188.

＊53 "Der Schulungsleiter der SS-Verfügungstruppe in Frieden und Krieg", BA : NS 17/119.

＊54 BAB SSO Wilhelm Traband.

＊55 Dienstanweisung des Kommandoamts der Waffen-SS im SS-Führungshauptamt, 14. September 1940. Bundesarchiv-Militärarchiv（以下BA-MAと略記）RS 4/907（Matthäus/Kwiet/Förster/Breitman, a.a.O., Dokument 10）.

＊56 *IMT*, Bd. 29, S. 103f.

＊57 兵員数は、二万三〇〇〇名強（三八年末）から一一万七〇〇〇名（四〇年末）に増えていた。参照、芝『武装ＳＳ』二四頁。

＊58 SS-Führungshauptamt, Abteilung WE, 14. Dezember 1940, BA NS 33/245.

＊59 Schulungsbrief vom 1. Dezember 1940, MHA SS-Div. Totenkopf; Vgl. Charles Sydnor, ***Soldiers of***

Destruction. The SS Death's Head Division, 1933–1945, Princeton 1977, S. 143ff.

＊60　Denkschrift vom 10. Februar 1941, BA NS 34/15.

＊61　Anweisung zur weltanschaulichen Schulung, Kdr. SS–T–RS v. 1. August 1940, BA–MA, RS 4/109.

＊62　div. Tätigkeits–Berichte, ebenda, RS 4/931 ; Bef. betr. weltanschauliche Erziehung, Kdr. SS–T–RS, v. 28. Mai 1940, ebenda.

＊63　I. SS–Totenkopf–Reiterregiment（Fegelein）, “Dienstanweisung für Weltanschauliche Erziehung”, 19. November 1940, ebenda, RS 4/156.

＊64　ヒムラーのこの新しいポストが彼に与えた権限については、次の古典的研究を参照、Robert L. Koehl, *RKFDV. German Resettlement and Population Policy 1939–1945*, Cambriage/Mass. 1957.

〈第3章〉

＊1　Hannes Heer/Klaus Naumann（Hrsg.）, *Vernichtungskrieg. Verbrechen der Wehrmacht 1941 bis 1944*, Hamburg 1995, S. 124.

＊2　Longerich, *Politik*, S. 418 ; Hilberg, *Vernichtung*, Bd. 2, S. 351 ; Streit, *Keine Kameraden*, S. 105, 128.

＊3　Helmug Greiner/percy Ernst Schramm（Hrsg.）, *Kriegstagebuch des Oberkommandos der Wehrmacht*, Frankfurt a, M 1961-65（以下KTB–OKWと略記）, Bd. 1, S. 341.

＊4　Franz Halder, *Kriegstagebuch*, Stuttgart 1962-64（以下Halder KTBと略記）Bd. 2, S. 311.

＊5　Jacobsen, “Kommissarbefehl”, S. 170–173（Dokument Nr. 2 : Entwurf vom 26. März 1941; Dokument Nr. 3, Nürnberger Dokument NOKW–2080 : “Regelung des Einsatzes der Sicherheitspolizei und des SD im Verbande des Heeres”, 28. April 1941）.

＊6　Krausnick/Wilhelm, *Die Truppen der Weltanschauung*, S. 125.

＊7　Halder, KTB, Bd. 2, S. 336f.

＊8　Jacobsen, a. a. O., S. 182–184（Dokument Nr. 8 : "Erlass über die Ausübung der Kriegsgerichtsbarkeit im Gebiet 〈Barbarossa〉", 13. Mai 1941.

＊9　Ebenda, S. 176（Dokument 5a: Entwurf "Behandlung feindlicher Landeseinwohner", 6. Mai 1941.

＊10　Ebenda, S. 188–191（Dokument Nr. 12, Nürnberger Dokument NOKW–1076 : "Richtlinien für die Behandlung politischer Kommissare", 6. Juni 1941.

＊11　Nürnberger Dokument L–180（Bericht von Stahlecker, Anlage 1a, 15. Oktober 1941）.

＊12　ＳＳと警察の融合については、芝「国家保安本部の成立」参照。

＊13　Halder, *KTB*, Bd. 3, 8. Juli 1941, S. 52.

＊14　Peter Klein（Hrsg.）, *Die Einsatzgruppen in der besetzten Sowjetunion 1941/42. Tätigkeits– und Lageberichte des Chefs der Sicherheitspolizei und des SD*, Berlin 1997, S. 324–328. これは、イェッケルン（南部ロシア）、バッハ＝ツェレヴスキ（中部ロシア）、プリュッツマン（北部ロシア）、コルゼマン（特任）の四人のＳＳ警察高権指導者に宛てられたものだった。

＊15　*Tagebücher Goebbels*, Bd. 1, 15. Juli 1941, S, 72.

＊16　Aktenvermerk Partei–Kanzlei v. 16. Juli 1941, *IMT* Bd. 28, S. 87f.

＊17　Ebenda, S. 88.

＊18　Ergänzung Chef OKW zur Weisung Nr. 33 v. 23. Juli 1941（*Eine Schuld, die nicht erlischt. Dokumente über die duetsche Kriegsverbrechen in der Sowjetunion*, Köln 1987, S. 74.（19）Bef. General z.b.V./OBdH an Brück Nord, Mitte, Süd v. 23. Juli 1943, BA–MA, RH23/271.

＊19　Browning, Männer, S. 38f.

＊21　Bericht EK v. 1. Dezember 1941（Ernst Klee/Willi Dressen/Volker Riess（Hrsg.）, ***"Schöne Zeiten". Judenmord aus der Sicht der Täter und Gaffer***, Frankfurt a. M. 1988, S. 52f.）.

＊22　Ermächtigungsschreiben Göring an CdS v. 31. Juli 1941, ***IMT***, Bd. 26, Bl. 266f.

＊23　Erlass des Führers über die polizeiliche Sicherung der neuen besetzten Ostgebiete, ***IMT***, Bd. 29, S. 235–237.

＊24　RFSS an Kdostab u. HSSPF Russland Mitte v. 19. Juli 1941, 22, 12, VUA, Kdostab/K 1, A 2.

＊25　Kdo.bef. Kdostab/Ia an SS-KR 1 u. 2 v. 19. Juli 1941, BAB, NS 19/3489, Bl. 10f.

＊26　Kdo.Bef. Nr. 20, Kdostab/Ia v. 22. Juli 1941, VUA, Kdostab/K 1, A2.

＊27　ドイツ中央軍集団、南方軍集団の動きとおかれた内情については、Vgl. Militärgeschichtliches Forschungsamt（Hrsg.）, ***Das Deutsche Reich und der Sweite Weltkrieg***, Stuttagart 1979–（以下 ***DRZW*** と略記）, Bd. 4, S. 451–461, 470–486, 489–495, 508 ; Gerlach, Morde, S. 557ff.

＊28　KTB Kdostab v. 7. Juli 1941, VUA, Kdostab/K 1, A 1; KTB Kdostab/O. Qu. v. 7. Juli 19431, VUA, K 14, A 107 : ***Der Dienstkalender Heinrich Himmlers***, Hamburg 1999, S. 183, Anm. 8（以下の引用では ***DKHH*** と略記）. バッハ＝ツェレヴスキは、戦後のニュルンベルク国際軍事裁判では検察側の証人となり、ニュルンベルク継続裁判では第九号事件行動部隊裁判の被告となったが、戦時日誌中の「本日司令幕僚部は、SS第一騎兵旅団の不測の投入を告げた」という記述の日付は誤って一〇日になっている。KTB Bach-Zerewski v. 10. Juli 1941, BAB, R 20/45b, Bl. 3.

＊29　シェンケンドルフの人物像については、Vgl. Ekkehard Meyer-Düttingdorf, "General der Infanterie Max von Schenckendorf", in : Gerd R. Ueberschär（Hrsg.）, ***Hitlers militärische Elite***, Bd. 2, Darmstadt 1998, S. 210–

217.

＊30 *DKHH*, S. 186, Anm. 18.

＊31 Jürgen Förster, "Die Sicherung des 〈Lebensraums〉", in: DRZW, Bd. 4, S. 1034.

＊32 Ruth Bettina Birn, "Zweierei Wirklichkeit? Fallbeispiele zur Partisanenbekämpfung", in : Bernd Wegner (Hrsg.), ***Zwei Wege nach Moskau. Vom Hitler-Stalin-Pakt bis zum*** 《Unternehmen Barbarossa》, München/Zürich 1992, S. 280.

＊33 Tätigkeitsberichte Kdostab/Ic 20. bis 27. Juli v. 28. Juli 1941, VUA, Kdostab/K 5, A 27.

＊34 Kommandosonderbefehl RFSS, Kdostab/Ia v. 28. Juli 1941, VUA, K 14, A 107. この命令の日付は七月二八日になっているが、七月末の史料には、クノプラウフはバッハ＝ツェレヴスキとフェーゲラインにヒムラーの命令を二七日伝えたと確認されており、ヒムラーは二八日付けの命令をすでに作成してクノプラウフに託したとみるのが妥当であろう。二七日のフェーゲラインの部隊命令を受けヒムラーが翌日命令を発したとするマテーウスの解釈よりは、キュッパースの事態記述のほうがより適切と思われる。Vgl. Jürgen Matthaüs, "Das 《Unternehmen Barbarossa》 und der Beginn der Judenvernichtung, Juni-Dezember 1941, in : Christopher Browning, ***Die Entfesselung der "Endlösung". Nationalsozialistische Judenpolitik 1939-1942***, Mit einem Beitrag von Jürgen Matthäus, München 2003, S. 409 ; Martin Cüppers, ***Wegbereiter der Shoah. Die Waffen-SS, der Kommandostab Reichsführer-SS und Judenvernichtung 1939-1945***, Darmstadt 2005, S. 139, 380.

＊35 Rgt. bef. Nr. 42, SS-KR 1/Ia v. 27. Juli 1941, BAL, Dok.Slg. Versch. 17, Bl. 2-5.

＊36 Ebenda. 同じ騎兵連隊命令はNational Archives, T-175, Roll 109にもおさめられている。

＊37 SS-KR 2, Reit. Abtl. 1. August 1941, BA-MA, RS 4/441; Krausnick 1981, S. 222f.; Birn 1991, S. 278.; Gerlach 1999, S. 560.; Matthäus 2003, S. 410.

*38 Cüppers, a.a.O., S. 144.

*39 Gerlach, Morde, S. 559. フェーゲラインのSS第二騎兵旅団大隊への八月二日の連絡（Telegramm Nr. 47）で、ヒムラーが数に不満でもっと多くの殺害数を望んだと伝えているが、これはドイツの戦争犯罪に関する一九四二年四月二七日のモロトフ覚書（声明）で明らかにされた。四二年一月赤軍によってSS第二騎兵旅団の部隊が粉砕されたとき、大隊指揮官マギルの文書が押収され、暴露された（*IMT*, Bd. 22, S. 375）。

*40 Funksprüche HSSPF Mitte an Himmler persönlich, Chef Orpo und Kdostab RFSS v. 2. August（dreimal）4., 6., 7. und 8. August 1941, BA D-H ZB 6735, O. I, Bl. 267–275（Gerlach, Morde, S. 561.）.

*41 *Unsere Ehre heisst Treue. Kriegstagebuch des Kommandostabes Reichsführer-SS. Tätigkeitsberichte der 1. und 2. SS-Inf.-Brigade, der 1. SS-Kav.-Brigade und von Sonderkommandos der SS*, Wien/Frankfurt a. M./Zürich 1965, S. 217, 224 u. 227.

*42 Tät.Ber. 1. SS-IB/Ia 27. -30. Juli v. 30. Juli 1941, VUA, Kdostab/K19, A 130.

*43 Ebenda；同じ報告は *Unsere Ehre heisst Treue. a.a.o.*, S. 95f. にも収録。

*44 Cüppers, a. a. O., S.144.

*45 Vern. Emil S. v. 18. November 1968, BAL, 202 AR-Z 1212/60, Bd. 18, Bl. 3442f.

*46 *Encyclopedia Judaica*, Bd. 12, Sp. 1513f. 以下の記述は、この作戦に参加したSS兵士の証言を探査したキュッパースの研究を参考にした。Cüppers, a. a. O., S. 168ff.

*47 Emil Satorの人物・経歴については、Vgl. BAB（Bundesarchiv Berlin）, SSO Emil Adolf Sator.

*48 「狂信的」fanatischというのはナチ党内部では世界観的にも揺るぎのない熱烈な党員という意味で、プラス価値の人物評価形容詞といってよい。

*49 Cüppers, a.a.O., S. 180.

*50 Ebenda. S. 170.

*51 Heinz Höhne, *Der Orden unter dem Totenkopf. Die Geschichte der SS*, Gütersloh 1967.

*52 Gerlach, *Morde.*, S. 639.

*53 Ebenda, S. 1136.

*54 Alfred Streim, *Die Behandlung sowjetischer Kriegsgefangener im Fall 《Barbarossa》*, Heidelberg/Karlsruhe 1981, S. 88f.

*55 *DKHH*, S. 191.

*56 行動部隊C麾下第五、第六行動隊の作戦展開については、Ralf Ogorrek, *Die Einsatzgruppen und die "Genesis der Endlösung"*, Berlin 1996, S. 190–199.

*57 *DKHH*, S. 193.

*58 Vern. Ferdinand M. v. 20. Oktober 1964, BAL, 202 AR-Z 42/62, Bd. 3, Bl. 828–832. この回顧発言には、軍建設大隊の兵士が嘘言をわざわざ弄する必要はないという意味で信憑性がある、というキュッパースのコメントは宜なるかなと思われる（Cüppers, a.a.O., S. 391）。

*59 Ebenda.

*60 Breitman, a.a.O., S. 257ff.

*61 Gerlach, *Morde.*, S. 636–640.

*62 Breitman, a.a.O., S. 259–260.

*63 Peter Longerich, *Politik der Vernichtung. Eine Gesammtdarstellung der nationalsozialistischen Verfolgung*, München 1998, a.a.O.,S. 388.

*64 Michael Wildt, *Generation des Unbedingten. Das Führungskorps des Reichssicherheitshauptamtes*, Hamburg 2002,

S. 577.

*65 Longerich, a.a.O., S. 383.

*66 Ebenda, S. 391.

*67 BAL AR-Z 14/58 Zst.（Ernst Klee, a. a. o., Frankfurt a. M. 2003, S. 280.）.

*68 Longerich, a.a.O., S. 387f.

*69 Klaus-Michael Mallmann, "Der qualitative Sprung im Vernichtungsprozess. Das Massaker von Kamenez-Podolsk Ende August 1941", in : *Jahrbuch für Antisemitismusforschung* 10（2001）, S. 239-264.

*70 Ebenda, S. 247 ; Richard Breitman, *Staatsgeheimnisse. Die Verbrechen der Nazis – von den Alliierten toleriert*, München 1999, S. 125.

*71 Tagebuch Bach-Zerewski v. 3. August 1941, BA R 20/45b, Bl. 6.

*72 Gerlach, *Morde*., S. 565f.

*73 Krausnick, Morde., S. 248.

*74 Christian Streit, *Keine Kameraden. Die Wehrmacht und die sowjetischen Kriegsgefangenen 1941-1945*, Bonn 1997.

*75 Boll/Safrian, a.a.O., S. S. 270ff.

*76 Bach-Zerewski v. 14. August 1941, a.a.O., Bl. 8.

*77 Cüppers, a.a.O., S. 187.

*78 SSPHF Russland Süd an AOK 6 v. 31. Juli 1941, BA-MA, RH 20-6/110.

*79 Bef. OB AOK v. 10. August 1941, BA-MA, RH 20-6/757.

*80 芝『武装ＳＳ』一一〜一二頁。この命令はニュルンベルク国際軍事裁判で証拠になった（Nürnberger

Dokument NOKW–1654)。

〈第4章〉

＊1　ホェース、前掲書、三六二頁。

＊2　NI–034 Archiv des Zentrwms für Antisemitismusforschung.

＊3　ホェースはその後身柄をニュルンベルクからポーランドに移され、ワルシャワでアウシュヴィッツ収容所所長としての責任を追及される裁判を受けさせられたが、その時にはガス殺犠牲者の数について一五〇万人を超えないと訂正した。アウシュヴィッツはじめ絶滅収容所での犠牲者の数は、ＳＳが犯罪の跡を眩ます政策を目的意識的に追求したこともあって厳密な数を算定することは著しく困難だが、日本では「アウシュヴィッツ＝嘘」論を批判された側が批判した人たちを名誉毀損で訴え結局敗訴した裁判においては、アウシュヴィッツのガス殺犠牲者数は一一〇万人との、現在のポーランドでの見積もり数が呈示された。参照、梶村太一郎・金子マーティン・本多勝一・新美隆・石田勇治『ジャーナリズムと歴史認識』（凱風社　一九九九年）、一二七頁。

＊4　ヘルベルト、前掲「即物主義の世代」、参照。

＊5　BAB SSP Dr. Joachim Mrugowski.

＊6　Gunner C. Boehnert, *A Sociography of the SS-Officier Corps 1925–1939*, unveröffentliche Diss., London 1977, S. 167.

＊7　*Medizinverbrechen vor Gericht. Das Urteil im Nürnberger Ärzteprozess gegen Karl Brandt und andere sowie aus dem Prozess gegen Generalfeldmarschall Milch*, Erlangen/Jena 1999, S. 187.

＊8　Ebenda, S. 161. ウルリヒ・ディーター・オピッツがこの公刊史料の解説的序文を書いているが、ゲンツケンのＳＳの最終ランクを正しく記していない（Ebenda, S. 39)。こうした不正確な誤記や勘違いは、当時の医師

裁判の判決文そのものにも若干散見されるので前後注意して不統一の用語等にも慎重に目を配る必要がある。

＊9　一九四四年には自然科学諸部門も含め約四〇の科学部門を包括。ヒムラーの当初のねらいは、ナチ・イデオロギー的観点からのゲルマン先史・ドイツ民俗学振興にあったが、戦争に突入するやアーネンエルベは、大学支配政策や占領地ゲルマン民族強化政策、さらにこの医師裁判や「ＳＳ人種・植民本部」裁判（継続裁判第八号事件）で解明されたように、人体実験、ユダヤ人大量虐殺にまで関与した。第4章図7、参照。

＊10　Ernst Klee, *Das Personallexikon zum Dritten Reich. Wer war was vor und nach 1945*, Frankfurt a. M. 2003, S. 71.

＊11　Helmut Heiber, *Reichsführer! Briefe an und von Himmler*, Stuttgart 1968, S. 160.

＊12　ＢＡ：NS 19, NS 33 や上記＊7 S. 128ff. 等、参照。日本人の研究の最新論考として、木畑和子「民族の《健康》を目指して—第三帝国の保健衛生行政」川越修・矢野久編『ナチズムのなかの20世紀』（柏書房　二〇〇二年）、参照。

＊13　継続裁判の実際の被告一七七名中、女性の被告はいま一名（ＳＳ人種・植民本部裁判の「生命の泉」機関に務めた女性責任者）いたが、「無罪」となった。

＊14　Michael Kater, The Nazi Party.

＊15　芝「《第三帝国》初期のユダヤ人政策—パレスティナへの移送問題を中心に」。

＊16　*Völkischer Beobachter* v. 23. März 1933. この問題にかかわる医師の近代専門職化過程とユダヤ系の人びとの医療分野への特化・「進出」とを合わせて分析するといった研究はなお今後をまたねばならないが、医学生の父親の職業としてかなりの比率を商工業者が占めるようになっていったという注目すべき指摘を含む興味深い分析として、参照、服部伸「医師資格の制度と機能」望田幸男編『近代ドイツ＝「資格社会」の制度と機能』（名古屋大学出版会　一九九五年）。

＊17　Günter Plum, "Wirtschaft und Erwerbsleben", in: Wolfgang Benz, *Die Juden in Deutschland 1933–1945. Leben unter nationalsozialistischer Herrschaft*, München 1989, S. 289.ニュルンベルクにおけるユダヤ系の人びとの社会的存在形態とナチ体制期のユダヤ人政策に関しては、参照、芝健介『ヒトラーのニュルンベルク』（吉川弘文館　二〇〇〇年）ならびに同「ドイツ第三帝国の都市と《ユダヤ人》—党大会都市ニュルンベルクのユダヤ人政策を中心として」『歴史評論』六二三号（二〇〇二年三月）。

＊18　＊7の公刊史料、S. 208.

＊19　Klee, a.a.O., S. 36のBegarの項によれば、ベーガーは選定した人びとをナッツヴァイラーまで搬送しそこで殺害した。ベーガーは映画「セヴン・イヤーズ・イン・チベット」でブラッド・ピットが演じたヒーローのモデルになった人物である。

＊20　＊7史料、S. 209.

＊21　Ebenda, S. 200ff.

＊22　そのやりとりは公刊史料Helmut Heiber（Hrsg.）, "Reichsführer!" にも詳しい。

＊23　＊7史料、S. 202.

＊24　Nürnberger Dokument, Doc. 1971 a-PS.

＊25　ラシャーはさらに血液凝固剤ポリュガルの実験等をおこなったりしているが、四四年三月、利を得て囚人に便宜をはかった嫌疑で逮捕され、四五年四月二六日ヒムラーの命令で射殺された（Klee, a.a.O., S. 480）。

＊26　ベウジェツ収容所のゲルシュタインの報告の一部ながら、拙訳、芝健介「戦後ドイツの〈ホロコースト〉裁判」『世界』一九九五年八月号、八〇頁、参照。

＊27　ヴァティカン、ローマ教皇のその後の対応については、ロルフ・ホーホフートが戦後の戯曲作品 ***Der Stellvertreter***『神の代理人』で告発し、物議を醸したことは周知であろう。

＊28　Doc. 1553-PS ; "Augenzeugenbericht zu den Massenvergasungen" in : *Vierteljahrshefte für Zeitgeschichte*, Bd. 1 (H. 2, 1953).

＊29　Jürgen Karthoff/ Martin Werner, ***Der Händler des Zyklon B***, Hamburg 1988, S. 21f.

＊30　訳文は、平野一郎・将積茂訳の角川文庫版（アドルフ・ヒトラー『わが闘争（下）』一九七三年、四三三頁）からの引用であるが、訳書のこの項の見出しは「マルクス主義との怠慢な決算」になっており、原文の意味をより生かそうとの芝の判断で本文のように改訳した。

＊31　Fritz Haber, *Fünf Vorträge*, Berlin 1924, S. 35.

＊32　Dietrich Stolzenberg, ***Fritz Haber***, Weinheim 1994, S. 311.（一九二三年におけるハーバーの言葉とされる）。これは、最近しばしば引用されるようになったポーゼン親衛隊（ＳＳ）保安部長ヘプナーの、国家保安本部第四局（ゲスターポ）ユダヤ人問題・ユダヤ人掃討課長アイヒマン宛書簡（一九四一年一一月一七日）の以下のような一節を連想させる響きがある。「この来るべき冬は、もはやユダヤ人全部を食っていかせるわけにはいかなくなる危険があります。労働動員不能のユダヤ人については即効的手段で片づけるのが最も人間的な（ここも原語はhumanで、人道的のほうがより適訳であろう―芝）解決であるのではないか」（芝健介「第三帝国と第二次世界大戦」木村靖二編『世界歴史大系　ドイツ史　三』山川出版社　一九九七年、二九二頁）。ヘプナーは、直接的にはウーチのゲットーの惨状に関連して提案しているのだが、ガス殺＝最も「人道的な」解決としていくような長期的な歴史的脈絡について従来の研究には指摘がなかっただけに、ハーバーの発言もこうした文脈におきなおして再吟味する必要を一層感じさせる。

＊33　ヴァイマル共和国政府の下でドイツ国防軍はヴェルサイユ条約に違反する再軍備をひそかにいろいろなレベルで進めていた。筆者も人的軍備（兵員軍備）にかかわる秘密再軍備について「ヴァイマル末期の国防軍とナチス」『歴史学研究』（一九八〇年七月号）で言及したが、この時期のドイツの、軍・産・学の複合体制を見据

えた秘密再軍備研究はまだ出てきていないのが現状である。

＊34 Karthoff/ Werner, a.a.O., S. 46.

＊35 テシュは三三年ナチ党に入党しており、またSSの名誉将校にもなっている点からして少なくとも「バスに乗り遅れない」ナチ化学エキスパートだったといえよう（Ernst Klee, *Das Personenlexikon zum Dritten Reich. Wer war was vor und nach 1945*, Frankfurt a. M. 2003, S. 619）。

＊36 NI–034. ＊2参照。

＊37 ナチ体制下の組織的ガス殺については、ウォルター・ラカー編『ホロコースト大事典』井上茂子・木畑和子・芝健介・長田浩彰・永岑三千輝・原田一美・望田幸男訳、「ガス室」の項、一三三〜一四七頁（執筆ギデオン・グライフ、芝訳〔四〇〇字で七〇枚相当の記述〕）が、近年の収容所研究の成果をふまえた総合的考察を提供している。特に一三四頁、参照。

＊38 ホェース、前掲書、三八二頁。基本的に翻訳を参考にしたが、一部訳語を変えた部分もある。

＊39 Public Record Office, Judge Advocate General, No. 71, S. 259（Karthoff/Werner, a.a.O., S. 149）.

＊40 ソール・フリートレンダー『抵抗のアウトサイダー──クルト・ゲルスタイン』石井良訳（産業行動研究所一九七一年）、一三一頁。

＊41 Hygiene–Institut der Waffen–SS, "Beurteilung", 19. Februar 1943.

＊42 NI–11396. 一九四五年一〇月二四日宣誓供述書

＊43 NO–2363.

＊44 NO–2362.

＊45 Bernd Naumann, *Auschwitz. Bericht über die Strafsache gegen Mulka und andere vor dem Schwurgericht Frankfurt*, Frankfurt a. M./ Bonn 1965, S. 302.

＊46 Gerhard Werle/ Thomas Wandres, *Auschwitz vor Gericht. Völkermord und bundesdeutsche Strafjustiz. Mit einer Dokumentation des Auschwitz-Urteils*, München 1995, S. 132.「アウシュヴィッツ＝嘘」派は、戦後一貫してこうしたナチの隠語が字義通り、文字通りの意味を表わしていると弁明にこれ努めてきたが、やはり無理な強弁といわねばならない。参照、「ホロコースト否定論」ラカー、前掲訳書、五六四〜五七三頁（この項、芝訳）、特に五六五頁。

＊47 Ebenda, S. 133.

〈第5章〉

＊1 Max Weber, *Wirtschaft und Gesellschaft*, 5. Aufl.:Tübingen 1972, S. 822.

＊2 Heinrich Popitz, *Phänomene der Macht*, Tübingen 1992, S. 258.

＊3 M. Rainer Lepsius, "Militärwesen und zivile Gesellshaft", Ute Frevert（Hrsg.）, *Militär und Gesellshaft im 19. und 20. Jahrhundert*, Stuttgart 1997, S. 359f.

＊4 Rene König, "Vorwort", ders.（Hrsg.）, *Beiträge zur Militärsoziologie*, Opladen 1968, S. 9.

＊5 ヴァイマル共和国時代、全国警察は存在せず、各州内務大臣のもとに警察組織が下属していた（すなわち警察については州に主権が存在した）が、最大警察組織は何と言ってもドイツの三分の二を占めたプロイセン州警察であった。ヒトラーの政権掌握後は、ナチ党のナンバー・ツーであったゲーリングがプロイセン内相に就任し、彼のもとに下属したプロイセン警察には、ＳＳのみならずＳＡも補助警察として採用され、そのほか全国各地にグライヒシャルトゥングの時期にはＳＡが軍に対抗するのみならず、各州警察にもかなり足場を作っていたが、三四年六月末のレーム事件以後、ＳＡは警察への足がかりもかなり喪失することになったことは否定できなかった。芝「国家保安本部の成立」。

＊6　以上の四点は、ヴェークナー教授が言及していないものとして教授の「政治的兵士」概念批判の意味も兼ね前著『武装SS』（七七頁以下）で展開したものである。しかしながら、最近教授が展開されている所説は、従来に含まれていなかった新しい要素が含まれ、きわめて注目に価すると思われるので、以下やや長い引用になるが、参照されたい。

「ご承知のとおり、SSは社会の公のほとんどすべてといってよい領域で活動していました。それ自体がじつに多様な機能を有する、きわめて多種の団体から構成された組織でした。なかでも最も目立ったのは、もちろん強制収容所や政治警察というテロ装置、宣伝情報部、武装SSという軍事編隊などでした。あまり知られていないのは、SSの文化・科学活動の面でしょう。後の戦時期になるとSSは占領政策・対外政策・経済政策の分野でも鍵となる重要な機能を占めました。

これらの活動のほとんどは、特殊な技能を備え、専門的職業訓練を経た人間を必要としていましたが、それはそれとして、SSのメンバーとしてのアイデンティティの共有も必要でした。さもなければ早晩分裂する危険があったからです。ヒムラーはこの危険を十分認識していました。したがってどんなタイプを理想的SS隊員としてのモデルとみなしているか、可能なかぎりどこでも宣伝しました。これが『政治的兵士』(Politisches Soldatentum) というコンセプトでした。この概念こそ特殊ナチ的な男らしさを理解するための鍵になると思われます。もう少しこれについて検討してみましょう。

この『政治的兵士』概念において、闘争 (Kampf) 観念はその焦点を民族の生レベルでの個人・集団双方に集中的に合わせていました。かかるコンテキストにおける闘争は、ある選定目標を達成するために、定められた明確な一連のルールにしたがって競い合う——例えば各種スポーツ、あるいは一八世紀の戦争のような——闘いとはみなされておらず、「生存闘争」(Daseinskampf) と考えられていたのです。社会ダーウィニズム的伝統に影響されたこの後者の闘争概念については、ヒトラー自身自らの著作によく表しています。《闘争が生の法則である世界に生きながら戦うことを欲しない者に生存の権利はないのだ》。それゆえに、ナチズム運動が《党員に行わんとする教育における闘争は、無為投げやりに引き起こされるような代物ではなく、ナチ党員が自らのために追求する目的そのものなのである。したがってナチ党員は敵との対決交戦をおそれないし、むしろ自分自身が生存しうる権利を得るための前提条件とみなしている。わが民族とわれらがイデオロギーに対する敵の憎悪も恐れないし、むしろ戦いを切望している》。

かかる見解にしたがえば、我に（正しい）法があるといいうるのは、つねにもっぱら強者のほうということになります。このように闘争が擁護されますと、敵の歴史的な生存権も同時に認めねばならないということになりました。ヒトラーがやがて一〇年後に述懐するところとなりますが、ドイツ国民に自己保存のために持ち堪える覚悟がなければ、《それで結構、国民は滅亡すればよい！》ということになってしまったのです。したがってSS隊員が自らのイデオロギーを真剣に受け止めると、生来が戦士であり、自らを「兵士」と、より正確にいえば「政治的兵士」と称したのも、このような意味においてでした。この種の兵士化が、職業軍人の軍人化と異なるのはきわめて明らかです。ヒムラー自身、この違いを強調していました。一九三八年SS髑髏部隊（武装SSの重要な柱の一つ―訳者）について言及した以下のヒムラーの演説にもそれはよく出ています。《髑髏部隊は、強制収容所の監視隊員から編制された。もちろん、それも一つの戦闘部隊になった（武装化は我々の使命と考える）。獄吏から兵士が生まれたのだ。我々がなす全ての事柄において、早晩我々は兵士になっていく。今後行政において然り、過去の監視隊の場合然り、現在の秘密警察、犯罪警察も同様に然りである。我々は恒に兵士になっていくのだ。ミリタリー（軍人）ではなくソルジャー、ゾルダーテンに》。

『政治的兵士』になること、という以上のヒムラーの演説は、SS隊員の理想が何だったのか理解するには恰好のものといえます。こうした意味でのソルジャー、ゾルダーテンはミリタリー（軍人）と違い、商売や本業の類ではありませんでした。むしろ特有のライフスタイル、生活様式、ナチの男らしさの雛形だったのです。

力が行使される対象の違いを見れば、軍人と政治的兵士タイプとの根本的相違がより明瞭になります。職業軍人については、次の点は明らかです。はっきり画限された期間、すなわち戦時において、はっきり規定された外敵に、軍事的手段を用いて戦います。『政治的兵士』の場合は非常に異なっていました。彼の敵はあらゆる場所に遍在していました。ドイツの外部にとどまらず内部にも。この見方に立てば、マルクス主義も、金権支配も、フリーメーソンも、キリスト教主義も、それぞれがある世界的脅威のさまざまな相貌の一つに他なりませんでした。この焦点、世界の病巣の根患こそユダヤ人だということになったのです。ユダヤ人はナチズムが考えるあらゆる敵のまさに共通項とされたのです。

……全体主義的なSSの内集団・外集団腑分けのイデオロギーは、逆に内部の敵・外部の敵のあらゆる相違を消滅させ、したがって戦争と平和の相違も、軍隊と一般人の生活の相違も全て消却させてしまいました。敵はつねに現前しているというのですから、何時いかなる所においても戦わなければなりませんでした。かくしてヒムラーが戦時中おこなった演説の中で、まさに今戦っている戦争とヴァイマル期当時のナチ党の権力獲得闘争とを（何の違いもないかのように並べて）比較しているのも別に不思議ではありません。他のナチ党リーダー同様ヒムラーにとっても原則的に政治闘争と軍の戦いの間には何の相違もありませんでした。二つの闘争とも同じ敵に対する同じ戦いであって、ただ用いる戦闘手段と戦場が異なっているにすぎなかったのです。

この意味で、政治的敵の抑圧も、必要なら行う政敵抹殺根絶も、一種の戦争であり、したがって戦争に特有の非妥協性、容赦なき仕方で遂行される必要がありました」（ベルント・ヴェークナー「SS（ナチ党親衛隊）のイデオロギーにおける《生》と《死》―ジェンダー的視点から」芝健介訳〔東京女子大学文理学部史学科『ガイドブック・ジェンダーから見る歴史』寒灯舎　二〇〇六年〕、一四二～一四四頁）。

＊7　ベーメン・メーレン地方はじめ中欧やバルカン、東欧に暮らす在外ドイツ系民族（ナチスはこの集団を一律

に Volksdeutsche と命名）を、ここではナチスが用いた原語を直訳風に訳して「民族ドイツ人」としておく。もちろんドイツ国籍をもって外国に在住する外国在住ドイツ人 Auslandsdeutsche とは、ドイツ国籍を持たない点ではっきり区別されるしその点で外国人と呼んでもよいようにも思われるが、オーストリア・ドイツ人は「民族ドイツ人」ではなく、オーストリア＝ハンガリー帝国下でドイツ人意識を強くもっていたズデーテン・ドイツ人の場合などは、アイデンティティという点では、第一次大戦敗戦に伴う帝国崩壊の後、誕生したチェコスロヴァキア共和国に対してよりは、むしろオーストリアないしドイツに強く同一化する傾向が強かったから、この「ドイツ系チェコ人」をドイツから見て外国人とみなすのは問題になろうが、ドイツ語を話す「民族ドイツ人」でもドイツ国籍をもたない「外国人」とみなしたほうが妥当である場合も少なくないといってさしつかえないであろう。

＊8　Heinrich Himmler, "Aufgaben und Aufbau der Polizei des Dritten Reiches", Heinrich Pfundtner（Hrsg.）, ***Dr. Wilhelm Frick und sein Ministerium. Aus Anlass des 60. Geburtstag des Reichs- und Preussischen Ministers des Innerns Dr. Wilhelm Frick am 12. März 1937***, München 1937, S. 128.

＊9　Werner Best, *Die Deutsche Polizei*, Darmstadt 1941, s. 100f.

＊10　Himmler, a. a. O., S. 128.

＊11　親衛隊・警察高権指導者（Höhere SS- und Polizeiführer　独語の略称はＨＳＳＰＦ、日本語訳では一般的に高級ＳＳ警察指導者という訳語が多かったが、ナチ党政治組織における大管区指導者 Gauleiter がナチ党各大管区で主権〔独語では伝統的に Hoheit 高権と称する〕をもったのと同様、ＨＳＳＰＦは、各支配地区で高権をもっていたといえるので、筆者は栗原優『ナチズムとユダヤ人絶滅政策』〔ミネルヴァ書房〕の拙評〔『史学雑誌』所載〕以来、親衛隊警察高権指導者という訳語を用いている）は、元々内務大臣によって一九三七年一一月一三日発令導入された制度である。動員の場合、国家防衛組織として、全軍管区においてＳＳと警察を

統合して指揮する機関とされた。したがって本来ならば、内務省と軍に下属する組織関係をもつはずのものであったが、ヒムラーの組織戦術は、限られた権能を、特別の事態出来に即して拡張し、SSと警察を非常事態に際し緊密に結合させて内務省の統制から切り離し、SS独自の防衛組織とするところにその狙いがあったといえる。最初にこのポストに任命されたのは、バイエルン地方を中心とする南部親衛隊管区指導者のフォン・エーバーシュタインSS大将（兼バイエルン州内務省内警察部長）で第七軍管区・第一三軍管区のHSSPFであった。任命日が三八年三月一二日となったのは、折しもチェコ侵略併合という事態に直面しての人事であったということである。

＊12　Wolfgang R. Vogt, ***Frieden durch Zivilisierung? Probleme, Ansätze und Perspektiven***, Münster 1996, S. 132. このフォークトの論考ではドイツ語のポリテーア Politär（Polizeiポリツァイ〔警察〕＋ Militär ミリテーア〔軍隊〕）という表現で現代の戦争・紛争における、かかる混合的機能をもったポリタリーの問題を考究している。

＊13　Best, a.a. S. 100.

＊14　Smith/Peterson, *Geheimreden*, S. 107.

＊15　Reichsführer-SS an Rosenberg v. 24. Juni 1941, BAB, NS 19/2803.

＊16　Vernehmung Peter B. v. 8. Dezember 1964, Bundesarchiv-Aussenstelle Ludwigsburg（BAL）, 202 AR-Z 1212/60, Bd. 7, Bl. 332ff（Cüppers, a.a.O., S. 119 u. 335）. クネーベルは一九六五年この部隊の犯罪をめぐる裁判に際し取り調べのため身柄を拘束されている間に自殺した。

＊17　Christian Hartmann, "Himmlers radikalste Brigaden", in : ***Frankfurter Allgemeine Zeitung*** v. 26. Juli 2005.

＊18　ギデオン・グライフ「ガス室」芝健介訳（ウォルター・ラカー編『ホロコースト大事典』所収）、一三七頁。

＊19　Aktion Reinhard' オディロ・グロボチュニクがルブリン地区でベウジェツ・ソビブル・トレブリンカの三つの絶滅収容所を稼動させて展開した殺戮を普通「ラインハルト作戦」と日本では訳している。このコード名

は、グロボチュニクがユダヤ人財産の強奪とかかわらせて当初大蔵次官フリッツ・ラインハルトの姓をとってきたのに端を発するが、亡命チェコ政府の軍がロンドンから秘かに派遣したコマンドによって、四二年五月下旬プラハで襲撃され六月上旬に死亡したラインハルト・ハイドリヒの姓をその後含意するようになった。

*20 Aktenvermerk über Vortrag beim Führer, RFSS v. 28. Juni 1943, BAB, NS 19/432.

*21 Frank Golczewski, "Polen", in : Wolfgang Benz（Hrsg.）, ***Dimension des Völkermordes. Die Zahl der jüdischen Opfer des Nationalsozialismus***, München 1991, S. 475–479.

*22 Kurt Cüppers, ***Wegbereiter der Shoah***, Darmistadt 2005.

*23 Aufstellung Veterinär–Kompanie, SS–FAT/I Org. v. 28. April 1941, BAB, NS 19/3508.

*24 村瀬興雄『アドルフ・ヒトラー』（中公新書）等を参照し、よくドイツ現代史にも通じた方なら、この人名でヒトラー一揆挫折後ナチズム運動復活期からナチ党権力掌握までヴァイマル共和国時代足掛け一〇年バイエルン州首相を務めた同名の人物（一八六八年生まれ、一九三八年没）を連想されるかもしれないが、むしろこの有名な人物の長男と同世代に属する別人であることに注意してほしい。

*25 BAB SSO Heinrich Held.

*26 一九四六年七月二九日におけるゴルトベルクの証言、参照、***IMT***, Bd. 36, S. 84f.

*27 Yisrael Gutman, ***The Jews of Warsaw, 1939–1945. Ghetto, Underground, Revolt***, Brighton 1982, S. 48–92.

*28 Ebenda, S. 197–213.

*29 Ebenda, S. 224f.

*30 Ebenda, S. 211ff.

*31 ***Encyclopedia Judaica***, Bd. 13, Sp. 1298f. u. 1500f.; Bd. 10, Sp. 1278; Bd. 16, Sp. 496. ***Enzyklopädie des Holocaust***, Bd. 1, S. 280–283 ; Bd. 2, S. 809 u. 1173 ; Bd. 3, S. 1264f. u. 1397f. u. 1525–1534;

＊32 Vgl. Martin Winter, "Metamorphosen des staatlichen Gewaltapparates : Über die Entwicklung von Polizei und Militär in Deutschland", *Leviathan* 4/2003, S. 548. マルティーン・ヴィンターが指摘するところの「多価的兵士 polyvalente Soldaten」は住民の人権を擁護しその生命と安全を守るという意味で戦争に介入する国連の平和部隊のみならず災害救助的機能をもった多機能部隊を想定しており、芝が本文でいうところの武装ＳＳの形容とは全く違った文脈で用いられている点には注意してほしい。

＊33 芝『武装ＳＳ』第三章、第五章を参照されたい。

参考文献リスト

未公刊史料

Bundesarchiv（BA）Berlin, Bundesarchiv（BA）Koblenz : NS 2, 17, 19, 31, 33, 34 ; NSD 41/77 ; R20, 58 Sammlung Schumacher

Berlin Document Center : Personalakten SS–Führerkorps（jetzt BA SSP, SSO）

Bundesarchiv–Militärarchiv（BA-MA）Freiburg : M 800–974 ; RS 3, RS 4, RH 19, 20, 22

Bundesarchir, Außenstelle Ludwigsburg（BAL）: 202, 206, 207 AR-Z

Zentrales Militärarchiv（VUA）Prag : Kdostab, K1-24 ; HSSPF Ru. Sü, K1-8 ; SS-Tst. K1-12 ; 8. SS-Kav. Div. K1-6

National Archives : T–175, 580 u.a.

Archiv des Zentrums für Antisemitismusfotschung: Nürnberger Dokument

公刊史料・歴史的文献・研究文献

Ackermann, Josef, *Heinrich Himmler als Ideologe*, Göttingen/Zürich/Frankfurt a.M. 1970.

Adam, Uwe Dietrich, *Judenpolitik im Dritten Reich*, Düsseldorf 1979.

Alberti, Michael, *Die Verfolgung und Vernichtung der Juden im Reichsgau Wartheland 1939–1945*, Wiesbaden 2006.

Aly, Götz, *"Endlösung". Völkerverschiebung und der Mord an den europäischen Juden*, Frankfurt a. M. 1995.（山本尤・三島憲一訳『最終解決：民族移動とヨーロッパのユダヤ人殺害』法政大学出版局　一九九八年）

———*Hitlers Volksstaat*, Frankfurt a. M. 2005.

Anders, Günther, *Wir Eichmannsöhne : offener Brief an Klaus Eichmann*, München 1964.（岩淵達治訳『われらはみな、アイヒマンの息子』晶文社　二〇〇七年）

Arad, Yitzhak, *Belzec, Sobibor, Treblimka. The Operation Reinhard Death Camps*, Bloomington/Indianapolis 1987.

Arendt, Hannah, *Eichmann in Jerusalem. Ein Bericht von der Banalität des Bösen*, München 1964.（大久保和郎訳『イェルサレムのアイヒマン：悪の陳腐さについての報告』みすず書房　一九六九年）

Barkai, Avraham/Mendes–Flohr, Paul, *Aufbruch und Zerstörung 1918–1945*［Deutsch–Jüdische Geschichte in der Neuzeit, Bd. 4］, München 1997.

Benz, Wolfgang（Hrsg.）, *Die Juden in Deutschland 1933–1945. Leben unter nationalsozialistischer Herrschaft*, München 1989.

———（Hrsg.）, *Dimension des Völkermordes. Die Zahl der jüdischen Opfer des Nationalsozialismus*, München 1991.

Berenbaum, Michael, *The World Must Know : the History of the Holocaust as Told in the United States Holocaust Memorial Museum*, The United States Holocaust Memorial Museum 1993.（芝健介日本語監修『ホロ

コースト全史』創元社　一九九六年）
Best, Werner, *Die Deutsche Polizei*, Darmstadt 1941.
Birn, Ruth Bettina, *Die Höheren SS- und Polizeiführer. Himmlers Vertreter im Reich und in den besetzten Gebieten*, Düsseldorf 1986.
Boehnert, Gunner C., *A Sociography of the SS-Officier Corps 1925-1939*, unveröffentliche Diss., London 1977.
Bracher, Karl Dietrich, *Die deutsche Diktatur*, Köln 1969（山口定・高橋進訳『ドイツの独裁　I・II』岩波書店　一九七五年）
Breitman, Richard, *The Architect of Genocide : Himmler and the Final Solution*, Hanover 1991.
———, *Official Secrets : What the Nazis Planed, What the British and the Americans Knew*, New York 1998.（川上洸訳『封印されたホロコースト』大月書店　二〇〇〇年）
Brenner, Lenni, *Zionism in the Age of the Dictators*, Lawrence Hill 1983.（芝健介訳『ファシズム時代のシオニズム』法政大学出版局　二〇〇一年）
Broszat, Martin/Hans Buchheim/Hans-Adolf Jacobsen/Helmut Krausnick, *Anatomie des SS-Staates*, 2 Bde., München 1967.
Browder, George C., *Foundations of the Nazi Police State. The Formation of Sipo and SD*, Lexington 1990.
Browning, Christopher R., *Fateful Months. Essays on the Emergence of the Final Solution*, New York 1985.
———, *Ganz normale Männer. Das Reserve-Polizeibataillon 101 und die "Endlösung" in Polen*, Hamburg 1997.（谷喬夫訳『普通の人びと』筑摩書房　一九九七年）

———, *The Origins of the Final Solution*, Jerusalem 2003.

———, *Die Entfesselung der "Endlösung". Nationalsozialistische Judenpolitik 1939–1942*, Mit einem Beitrag von Jürgen Matthäus, München 2003.

Burrin, Philippe, *Hitler und die Juden : die Entscheidung für den Völkermord*, aus dem Französischen von Ilse Strasmann, Frankfurt a. M. 1993.（佐川和茂、佐川愛子訳『ヒトラーとユダヤ人：悲劇の起源をめぐって』三交社　一九九六年）

Cesarani, David（Hrsg.）, *Holocaust. Critical Concepts in Historical Studies*, 6 Bde., London 2004.

Cüppers, Martin, *Wegbereiter der Shoah. Die Waffen–SS, der Kommandostab Reichsführer–SS und die Judenvernichtung 1939–1945*, Darmstadt 2005.

Czech, Danuta, *Auschwitz Chronicle, 1939–1945*, New York 1990.

Das Schwarze Korps

Dawidowicz, Lucy S., *The War against the Jews, 1933–1945*, London 1975.（大谷堅志郎訳『ユダヤ人はなぜ殺されたか　１・２』サイマル出版会　一九七八〜一九七九年）

Der Prozess gegen die Hauptkriegsverbrecher vor dem Internationalen Militärgerichtshof 14. November 1945–1. Oktober 1946, 43 Bde., Nürnberg 1947–1949.

Dwork, Deborah, *Kinder mit dem gelben Stern : Europa 1933–1945*, München 1994.（甲斐明子訳・芝健介監修『星をつけた子供たち：ナチ支配下のユダヤの子供たち』創元社　一九九九年）

Fleming, Gerald, *Hitler and the Final Solution*, Berkeley 1978.

Frei, Norbert, *Der Führerstaat. Nationalsozialistische Herrschaft 1933 bis 1945*, München 1987.（芝健介訳『総統国家：ナチスの支配　一九三三―一九四五年』岩波書店　一九九四年）
Frevert, Ute（Hrsg.）, *Militär und Gesellshaft im 19. und 20. Jahrhundert*, Stuttgart 1997.
Friedländer, Saul, *Kurt Gerstein oder die Zwiespältigkeit des Guten*, Berlin 1967.（石井良訳『抵抗のアウトサイダー：クルト・ゲルシュタイン』産業行動研究所　一九七一年）
———, *Den Holocaust beschreiben*, Weimar 2007.
Gerlach, Christian, *Kalkulierte Morde : die deutsche Wirtschafts- und Vernichtungspolitik in Weißrußland 1941 bis 1944*, Hamburg 1999.
Glantz, David M./House, Jonathan M., *When Titans Clashed : How the Red Army Stopped Hitler*, Edinburgh 2000.（守屋純訳『「詳解」独ソ戦全史：「史上最大の地上戦」の実像　戦略・戦術分析』学習研究社　二〇〇五年）
Goldhagen, Daniel, *Hitlers willige Vollstrecker : ganz gewöhnliche Deutsche und der Holocaust*, München 1996.（望田幸男監訳、北村浩・土井浩・高橋博子・本田稔訳『普通のドイツ人とホロコースト：ヒトラーの自発的死刑執行人たち』ミネルヴァ書房　二〇〇七年）
Gosztony, Peter, *Stalins Fremde Heere : Das Schicksal der nichtsowjetishen Truppen im Rahmen der Roten Armee, 1941-1945*, Bonn 1991.（守屋純訳『スターリンの外人部隊：独ソの狭間で翻弄された「赤い軍隊」の実像』学習研究社　二〇〇二年）
Gutman, Yisrael/Michael Berenbaum（Hrsg.）, *Anatomy of the Auschwitz Death Camp*, United States Holocaust

Memorial Museum 19944.

Haber, Fritz, *Fünf Vorträge*, Berlin 1924.

Haffner, Sebastian, *Anmerkungen zu Hitler*, München 1978.（赤羽龍夫訳『ヒトラーとは何か』草思社　一九七九年）

Hausser, Paul, *Soldaten wie andere auch. Der Weg der Waffen-SS*, Osnabrück 1966.

Heer, Hannes/Naumann, Klaus（Hrsg.）, *Vernichtungskrieg. Verbrechen der Wehrmacht 1941 bis 1944*, Hamburg 1995.

Heiber, Helmut, *Reichsführer! Briefe an und von Himmler*, Stuttgart 1968.

Heinisch, Heiko, *Hitlers Geiseln. Hegemonialpläne und der Holocaust*, Wien 2005.

Herbert, Ulrich/Orth, Karin/Dickmann, Christoph（Hrsg.）, *Die nationalsozialistischen Konzentrationslager. Entwicklung und Struktur*, 2 Bde., Frankfurt a. M. 2002

Herzig, Arno/Lorenz Ina（Hrsg.）, *Verdrängung und Vernichtung der Juden unter dem Nationalsozialismus*, Hamburg 1992

Heyl, Matthias, *Anne Frank*, Reinbek 2002.

Hilberg, Raul, *The Destruction of the European Jews*, New York/Chicago, Illinois, 1961 [deutsch : *Die Vernichtung der europäischen Juden. Die Gesamtgeschichte des Holocaust*, Berlin 1982].（望田幸男・井上茂子・原田一美訳ラウル・ヒルバーグ『ヨーロッパ・ユダヤ人の絶滅　上・下』柏書房　一九九七年）

Hitler, Adolf, *Mein Kampf*, Bd. 1 : München 1925 ; Bd. 2 : München 1927.（平野一郎・将積茂訳『わが闘争（上）（下）』角川書店　一九七三年）
Höhne, Heinz, *Der Orden unter dem Totenkopf. Die Geschichte der SS*, Gütersloh 1967.（H・ヘーネ『髑髏の結社＝ＳＳの歴史』森亮一訳、フジ出版社　一九八一年）
Höss, Rudolf, *Kommandant in Auschwitz*, hrsg. v. Martin Broszat, München 1963.（片岡啓治訳『アウシュヴィッツ収容所』講談社　一九九九年）
Irving, David, *Hitler's War 1939–1942 ; Hitler's War 1942–1945*, London 1983.（赤羽龍夫訳『ヒトラーの戦争上・下』早川書房　一九八三年）〔一九八八年　ハヤカワ文庫〕
Jäckel, Eberhard, *Hitlers Herrschaft : Vollzug einer Weltanschauung*, Stuttgart 1986. 滝田毅訳『ヒトラーの世界観：支配の構想』南窓社　一九九一年）
Jäckel Eberhard/Jürgen Rohwer（Hrsg.）, *Der Mord an den Juden im Zweiten Krieg. Entschlussbildung und Verwirklichung*, Stuttgart 1985.
Jäger, Herbert, *Verbrechen unter totalitärer Herrschaft*, Frankfurt a. M. 1982.
Karthoff, Jürgen/Werner, Martin, *Der Händler des Zyklon B*, Hamburg 1988.
Kershaw, Ian, *Hitlers Macht : das Profil der NS-Herrschaft*, Müchen 1992.（石田勇治訳『ヒトラー：権力の本質』白水社　一九九九年）
Kingreen, Monika（Hrsg.）,《*Nach der Kristallnacht*》. *Jüdisches Leben und antijüdische Politik in Frankfurt am Main 1938–1945*, Frankfurt a. M./New York 1999.

Klee, Ernst/Dressen, Willi/Riess, Volker（Hrsg.）, *“Schöne Zeiten”. Judenmord aus der Sicht der Täter und Gaffer*, Frankfurt a. M. 1988.

Klee, Ernst, *Das Personallexikon zum Dritten Reich. Wer war was vor und nach 1945*, Frankfurt a. M. 2003.

Klein, Peter（Hrsg.）, *Die Einsatzgruppen in der besetzten Sowjetunion 1941/42. Tätigkeits- und Lageberichte des Chefs der Sicherheitspolizei und des SD*, Berlin 1997.

Koehl, Robert, *RKFDV. German Resettlement and Population Policy 1939–1945*, Cambridge, Mass. 1957.

König, Rene（Hrsg.）, *Beiträge zur Militärsoziologie*, Opladen 1968.

Krausnick, Helmut/Hans-Heinrich Wilhelm, *Die Truppe des Weltanschauungskrieges. Die Einsatzgruppen der Sicherheitspolizei und des SD, 1938–1942*, Stuttgart 1981.

Kulka, *Otto Dov/Eberhard Jäckel（Hg.）, Die Juden in den geheimen NS-Stimmungsberichten, 1933–1944*, Düsseldorf 2004.

Lanzmann, Claude, *Shoah*, Paris 1985[deutsch : Shoah, München 1986].（高橋武智訳『ＳＨＯＡＨ〈ショアー〉』作品社　一九九五年）

Laqueur, Walter（Hrsg.）, *The Holocaust Encyclopedia*, 2001.（井上茂子・木畑和子・芝健介・長田浩彰・永岑三千輝・原田一美・望田幸男訳『ホロコースト大事典』柏書房　二〇〇三年）

Longerich, Peter, *Politik der Vernichtung : eine Gesamtdarstellung der nationalsozialistischen Judenverfolgung*, München 1998.

———, *“Davon haben wir nichts gewusst!” : die Deutschen und die Judenverfolgung 1933–1945*, München 2006.

Marrus, Michael R., *The Holocaust in History*, New York 1987.（長田浩彰訳『ホロコースト：歴史的考察』時事通信社　一九九六年）

Manstein, Erich von, *Verlorene Siege*, Bonn 1955.

Matthäus, Jürgen/Kwiet, Konrad/Förster, Jürgen/Breitman, Richard, *Ausbildungsziel Judenmord?《Weltanschauliche Erziehung》von SS, Polizei und Waffen–SS im Rahmen der《Endlösung》*, Frankfurt a. M. 2003.

Medizinverbrechen vor Gericht. Das Urteil im Nürnberger Ärzteprozess gegen Karl Brandt und andere sowie aus dem Prozess gegen Generalfeldmarschall Milch, Erlangen/Jena 1999.

Militärgeschichtliches Forschungsamt（Hrsg.）, *Das Deutsche Reich und der Zweite Krieg*, Bd. 1 –, Stuttgart 1979-.

Müller, Klaus–Jürgen, *Armee und Drittes Reich*, Paderborn u. a. 1987.

Müller, Rolf–Dieter/Volkmann Hans–Erich（Hrsg.）, *Die Wehrmacht. Mythos und Realität*, München 1999

Mommsen, Hans, *From Weimar to Auschwitz : Essays in German History*, aus dem Deutschen v. Philip O' Connor, Cambridge 1991.

Naumann, Bernd, *Auschwitz. Bericht über die Strafsache gegen Mulka und andere vor dem Schwürgericht Frankfurt*, Frankfurt a. M./Bonn 1965.

Ogorrek, Ralf, *Die Einsatzgruppen und die "Genesis der Endlösung"*, Berlin 1996.

Paul, Gerhard/Klaus–Michael Mallmann, *Die Gestapo im Zweiten Weltkrieg.《Heimatfront》und besetztes Europa*,

Darmstadt 2000.

Popitz, Heinrich, *Phänomene der Macht*, Tübingen 1992.

Ruby, Marcel, *Le Livre de la Deportation : la Vie et la Mort dans les 18 Camps de Concentration et d'Extermination*, Paris 1995.（菅野賢治訳『ナチ強制・絶滅収容所：18施設内の生と死』筑摩書房 一九九八年）

Rückerl, Adalbert（Hg.）, *Nationalsozialistische Vernichtungslager im Spiegel deutscher Strafprozesse. Belzec, Sobibor, Treblinka, Chelmno*, München 1977.

Sammons, Jeffrey L. Sammons（Hg.）, *Die Protokolle der Weisen von Zion. Die Grundlage des modernen Antisemitismus–eine Fälschung. Text und Kommentar*, Göttingen 1998.

Schulze, Hagen, *Germany : A New History*, London 1998.

Schleunes, Karl. R., *The Twisted Road to Auschwitz : Nazi Policy toward German Jews, 1933–1939*, Champaign 1970.

Schöttler, Peter（Hg.）*Geschichte als Legitimationswissenschaft 1918–1945*, Frankfurt a. M. 1997.（木谷勤・小野清美・芝健介訳『ナチズムと歴史家たち』名古屋大学出版会　二〇〇一年）

Segev, Tom, *Die Soldaten des Bösen : Zur Geschichte der KZ-Kommandanten*, aus dem Americanischen v. Bernhard Schmid. Reinbek 1992.

Seidler, Horst/Ritt, Andreas, *Das Reichssippenamt entscheidet. Rassenbiologie im Nationalsozialismus*, Wien 1982.

Sereny, Gitta, *Into the Darkness : from Mercy Killing to Mass Murder*, London 1974 [deutsch : *Am Abgrund : eine Gewissensforschung : Gespräche mit Franz Stangl, Kommandant von Treblinka, und anderen,* München 1979].（小俣一郎訳『人間の暗闇：ナチ絶滅収容所長との対話』岩波書店　二〇〇五年）

Smith, Bradley F./Petersen, Agnes（Hrsg.）, *Heinrich Himmler. Geheimreden 1933–1945 und andere Ansprachen*, Frankfurt a. M. 1974.

Spector, Shmuel, *The Encyclopedia of Jewish Life before and during the Holocaust*, 3 Bde., New York 2001.

Stein, George H., *The Waffen SS : Hitler's Elite Guard at War, 1939-1945*, Ithaca 1966.（吉本貴美子訳『詳細武装SS興亡史：ヒトラーのエリート護衛部隊の実像　一九三九―四五』学習研究社　二〇〇五年）

Steinbacher, Sybille, *Auschwitz*, Hamondsworth u. a. 2005.

Stoltzenberg, Dietrich, *Fritz Haber*, Weinheim 1994.

Streim, Alfred, *Die Behandlung sowjetischer Kriegsgefangener im Fall《Barbarossa》*, Heidelberg/Karlsruhe 1981.

Sydnor, Charles, *Soldiers of Destruction. The SS Death's Head Division, 1933–1945*, Princeton 1977.

Tal, Uriel, *Christians and Jews in Germany. Religion, Politics, and Ideology in the Second Reich, 1870–1914*, Ithaca 1975.

Temper, Mitek, *Der rettende Weg : Schindlers Liste–die wahre Geschichte*, Hamburg 2005.（下村由一訳『救出への道：シンドラーのリスト・真実の歴史』大月書店　二〇〇七年）

Trunk, Isaiah, *Judenrat : the Jewish Councils in Eastern Europe under Nazi Occupation*, Lincoln 1996.

Tych, Feliks, *Pamięć : historia Żydów Polskich przed*, w czasie, i po Zagladzie, Warszawa 2004.（阪東宏訳『ポーランドのユダヤ人：歴史・文化・ホロコースト』みすず書房　二〇〇六年）

Tyrell, Albrecht（Hrsg.）, *Führer befiehl : Selbstzeugnisse aus der 'Kampfzeit' der NSDAP*, Düsseldorf 1969.

Ueberschär, Gert/Wolfram Wette（Hrsg.）, *“Unternehmen Barbarossa”. Der deutsche Überfall auf die Sowjetunion 1941. Berichte, Analysen und Dokumente*, Paderborn u. a. 1984.

Ueberschär, Gerd（Hrsg.）, *Hitlers militärische Elite*, 2 Bde., Darmstadt 1998.

Unsere Ehre heisst Treue. Kriegstagebuch des Kommandostabes Reichsführer–SS. Tätigkeitsberichte der 1. und 2. SS–Inf.–Brigade, der 1. SS–Kav.–Brigade und von Sonderkommandos der SS, Wien/Frankfurt a. M./Zürich 1965.

Vagts, Alfred, *A History of Militarism*, London 1959（望田幸男訳『軍国主義の歴史　Ⅰ～Ⅴ』福村出版　一九七四年

Vogt, Wolfgang R., *Frieden durch Zivilisierung? Probleme, Ansätze und Perspektiven*, Münster 1996.

Weber, Max, *Wirtschaft und Gesellschaft*, 5. Aufl. : Tübingen 1972.

Wegner, Bernd, *Hitlers Politische Soldaten : Waffen–SS 1933–1945*, Paderborn 1982.

Wegner, Bernd（Hrsg.）, *Zwei Wege nach Moskau. Vom Hitler–Stalin–Pakt bis zum《Unternehmen Barbarossa》*, München/Zürich 1992.

Werle, Gerhard/Wangres, Thomas, *Auschwitz vor Gericht. Völkermord und bundesdeutsche Strafjustiz. Mit einer Dokumentation des Auschwitz–Urteils*, München 1995.

Wildt, Michael, *Generation des Unbedingten. Das Führungskorps des Reichssicherheitshauptamtes*, Hamburg 2002.

Wippermann, Wolfgang, *Wessen Schuld? : vom Historikerstreit zur Goldhagen-Kontroverse* Berlin 1997.（増谷英樹訳『ドイツ戦争責任論争：ドイツ「再」統一とナチズムの「過去」』未来社　一九九九年）

———, *Umstrittene Vergangenheit : Fakten und Kontroversen zum Nationalsozialismus*（林功三・柴田敬二訳『議論された過去：ナチズムに関する事実と論争』未来社　二〇〇五年）

Wistrich, Robert S., *Who's Who in Nazi Germany*, New York 1995.（滝川義人訳『ナチス時代ドイツ人名事典』東洋書林　二〇〇二年）

———, *Hitler and the Holocaust*, New York 2003.（大山晶訳『ヒトラーとホロコースト』講談社　二〇〇六年）

Witte, Peter/Michael Wildt/Martina Voigt/Dieter Pohl/Peter Klein/Christian Gerlach/Christoph Dieckmann/Andrej Angrick（Hg.）, *Der Dienstkalender Heinrich Himmlers* 1941/42, Hamburg 1999.

Yahil, Leni, *Die Shoah. Überlebenskampf und Vernichtung der europäischen Juden*, München 1998.

Best, Werner, "Der Krieg und das Recht", Ernst Jünger（Hrsg.）, *Krieg und Krieger*, Berlin 1930.

Breitman, Richard, "《Gegner Nummer eins》Antisemitische Indoktrination in Himmlers Weltanschauung", in : Matthäus/Kwiet/Förster/Breitman, a. a. O.

Broszat, Martin, "Hitler und die Genesis der〈Enslösung〉," in : *Vierteljahrshefte für Zeitgeschichte*, Jg. 25（1977）, H. 4.

Browning, Christopher R., "Zur Genesis der Endlösung. Eine Antwort an Martin Broszat," in : *Vierteljahrshefte für Zeitgeschichte*, Jg. 29 (1981), H. 1.

———, "Jenseits von 〈Intentionalismus〉 und 〈Funktionalismus〉. Die Entscheidung zur Endlösung, in : ders. *Der Weg zur 《Endlösung》*, Bonn 1998.

Ernst, Volker, "Zusammenarbeit von Reichswehr und SS–Führung bei der Aufstellung einer bewaffneten SS Ende 1934", *Militärgeschichte*, Bd. 18 (1979), Nr. 6.

Friedländer, Saul, "Vom Antisemitismus zur Judenvernichtung. Eine historiographische Studie zur nationalsozialistischen Judenpolitik und Versuch einer Interpretation," in : Jäckel/Rohwer, a. a. O.

Gerlach, Christian, "Die Wannsee–Konferenz, das Schicksal der deutschen Juden und Hitlers politische Grundsatzentscheidung, alle Juden Europas zu ermorden," in : *Werkstatt Geschichte* 18 (1997) [Thema "Endlösung"].

Himmler, Heinrich, "Aufgaben und Aufbau der Polizei des Dritten Reiches", Heinrich Pfundtner (Hrsg.), *Dr. Wilhelm Frick und sein Ministerium. Aus Anlass des 60. Geburtstag des Reichs– und Preussischen Ministers des Innerns Dr. Wilhelm Frick am 12. Mäerz 1937*, München 1937.

Krausnick, Helmut, "Hitler und die Befehle an die Einsatzgruppen im Sommer 1941," in : Eberhard Jäckel/ Jürgen Rohwer (Hg.), *Der Mord an den Juden im Zweiten Krieg. Entschlussbildung und Verwirklichung*, Stuttgart 1985.

Mallmann, Klaus–Michael Mallmann, "Der quaritative Sprung im Vernichtungsprozess. Das Massaker von

Kamenez-Podolsk Ende August 1941", in : *Jahrbuch für Antisemitismusforschung* 10（2001）.

Mommsen, Hans, "Hitler's Reichstag Speech of January 1939", in : *History & Memory*, Jg. 1, H. 2（1997）.

Orth, Karin, "Rudolf Höss und die《Endlösung der Judenfrage》. Drei Argumente gegen die Datierung auf den Sommer 1941," in : *Werkstatt Geschichte*, a. a. O.

Rossino, Alexander B., "Nazi Anti-Jewish Policy during the Polish Campaign : The Case of the Einsatzgruppe von Woyrsch", in : *German Studies Review* 26（2001）.

Shiba, Kensuke, "Hitlers Herrschaft und Kriegsführung", Ronald Luprecht/Dietmar Petzina（Hrsg.）, *Geschichte und Identität II : Deutschland und Japan im 2. Weltkrieg*, Bochum 1993.

———, "Die Kriegsverbrecherprozesse von Nürnberg und Tokio", in : Bernd Wegner（Hrsg.）, *Wie Kriege enden*, Paderborn u. a. 2002.

Winter, Martin, "Metamorphosen des staatlichen Gewaltapparates : Über die Entwicklung von Polizei und Militär in Deutschland", *Leviathan* 4/2003.

Zirpins, Walter, "Das Ghetto in Litzmannstadt –kriminalpolizeilich gesehen", in : *Kriminalistik*（Oktober 1941）; auch in : *Die Deutsche Polizei* 1., 15. November., 1. Dezember 1941.;

邦語著書・論文

石田勇治他編『アウシュヴィッツと《アウシュヴィッツの嘘》』白水社　一九九五年

井上茂子・木畑和子・芝健介・永岑三千輝・矢野久『一九三九　ドイツ第三帝国と第二次世界大戦』同文舘

出版　一九八九年
居安正訳『秘密の社会学』世界思想社　一九七九年
川越修『社会国家の生成：20世紀社会とナチズム』岩波書店　二〇〇四年
川越修・矢野久編『ナチズムのなかの20世紀』柏書房
木畑和子『キンダートランスポート：ナチス・ドイツからイギリスに渡ったユダヤ人の子供たち』成文堂　一九九二年
木村靖二編『世界歴史大系　ドイツ史　3　一八九〇〜現在』山川出版社　一九九七年
栗原優『ナチズムとユダヤ人絶滅政策：ホロコーストの起源と実態』ミネルヴァ書房　一九九七年
芝健介『武装SS：ナチスもう一つの暴力装置』講談社　一九九五年
芝健介『ヒトラーのニュルンベルク：第三帝国の光と闇』吉川弘文館〔歴史文化ライブラリー90〕二〇〇〇年
高橋哲哉『記憶のエチカ』岩波書店　一九九五年
田村栄子・星乃治彦編『ヴァイマル共和国の光芒：ナチズムと近代の相克』昭和堂　二〇〇七年
永岑三千輝『ホロコーストの力学：独ソ戦・世界大戦・総力戦の弁証法』青木書店　二〇〇三年
西川正雄『現代史の読みかた』平凡社　一九九七年
西川正雄編『もっと知りたいドイツ』弘文堂　一九九二年
『武装SS全史Ⅰ・Ⅱ〈欧州戦史シリーズ　第17・18巻〉』学習研究社　二〇〇二年
松村高夫・矢野久編『裁判と歴史学』現代書館　二〇〇七年

松村高夫・矢野久編『大量虐殺の社会史：戦慄の20世紀』ミネルヴァ書房　二〇〇七年
村上淳一『ゲルマン法史における自由と誠実』東京大学出版会　一九八〇年
望田幸男編『近代ドイツ＝「資格社会」の制度と機能』名古屋大学出版会　一九九五年
望田幸男・田村栄子編『身体と医療の教育社会史』昭和堂　二〇〇三年
山口定『ナチ・エリート』中央公論社　一九七五年
――『ファシズム』岩波現代文庫　二〇〇六年
山下英一郎『SSガイドブック』新紀元社　一九九七年
――『制服の帝国：アルゲマイネSS写真集』同　二〇〇四年
――『制服の帝国：WW2ドイツ軍装写真集〈1〉武装SS』同　二〇〇五年
――『ナチ・ドイツ軍装読本――SS・警察・ナチ党員の組織と制服』彩流社　二〇〇六年
木村靖二「ナチズム研究の新史料群」『歴史と地理』二〇〇七年五月号
ノルベルト・フライ「ヒトラーの《最終解決》をめぐる学界論争」芝健介訳『東京女子大学比較文化研究所紀要』五三号（一九九二年一月）
佐藤健生・芝健介「『ワンゼー湖畔の秘密会議』を見る」『世界』一九八八年一二月号
U・ヘルベルト「即物主義の世代　一九二〇年代初期の民族至上主義学生運動」（上・下）芝健介訳『みすず』四九三・四九四号（二〇〇二年四月・五月）
ウルリッヒ・ヘルベルト「ホロコースト研究の歴史と現在」永岑三千輝訳『横浜市立大学論叢［社会科学系

列」』第五三巻第一号（二〇〇二年一月）
増田好純「ナチ強制収容所における囚人強制労働の形成」『ヨーロッパ研究』二〇〇一年
望田幸男編『近代ドイツ＝「資格社会」の制度と機能』（名古屋大学出版会　一九九五年）
守屋純「武装ＳＳと戦争犯罪」『武装ＳＳ全史Ⅱ（欧州戦史シリーズ第18巻）』学習研究社　二〇〇二年
若林美佐知「第三帝国の軍隊：ドイツ軍政下セルビアにおける《報復政策》について」『史論』一九九五年三月
――「ナチ体制の政策決定をめぐる―考察：ドイツ占領下セルビアにおける抵抗運動対策を手がかりに」『現代史研究』二〇〇五年
芝健介「ナチ武装親衛隊の成立」『國學院雑誌』八二巻二（一九八一年二月）
――「第三帝国初期のユダヤ人政策：パレスティナへの移送問題を中心に」『國學院大學紀要』二〇巻（一九八二年三月）
――「ナチズム・総統神話と権力：党大会における象徴化の過程」『シリーズ　世界史への問い　7　権威と権力』岩波書店　一九九〇年
――「戦後ドイツの〈ホロコースト〉裁判」『世界』一九九五年八月号
――「日本のホロコースト認識と『ＳＨＯＡＨ』」『ドイツ研究』二二号（一九九六年六月）
――「暴かれたナチスの遺産」『別冊歴史読本・ヒトラー神話の復活』（二〇〇〇年一〇月）
――「ホロコーストとニュルンベルク裁判」『〈東京女子大学〉史論』五五集（二〇〇二年三月）

あとがき

二〇〇六年夏、ノーベル賞作家のギュンター・グラスが回顧録『玉ねぎの皮をむきながら』を公刊する前のインタヴューで、第二次世界大戦末期、少年兵としてナチ武装親衛隊に配属されていたことを告白し、世界を驚かせたことは記憶に新しい。社会民主党を支持しつつ常に社会的に鋭い問題提起を忘れず、一九九〇年ドイツの拙速の統一にも敢えて異を唱えた良心的作家として知られたグラスだけに、強制収容所の監視部隊としても辣腕を振るったあの悪名高い親衛隊の軍隊に所属していたのか、という人びとの驚きやショックは大きく、わけてもドイツの保守派はここぞとばかり作家を攻撃し、一九八五年の米レーガン大統領によるビットブルク・ドイツ戦没者墓地慰霊訪問事件（国防軍兵士のほかに武装親衛隊兵士が葬られているのを知りながら世界世論の反対をおし、連邦共和国首相コールの要請を受け訪問を強行した事件。詳細は、拙著『武装SS――ナチスもう一つの暴力装置』講談社、一九九五年、参照）の際にもグラスは自らの過去につき、も口をぬぐって知らぬ顔を決め込んでいたのだと非難囂々であったが、歴史家ハンス・モムゼンはじめナチズム研究者たちによるその後の、作家についての過去の検証で、グラスが属した戦争末期に部隊「フルンツベルク」は少年兵をかき集め、絶望的な戦線に投入するだけの組織に変質していた事実もあらためて明らかとなった。そんな状態とも知らず四三年の精鋭戦車師団によるハリコフ奪回等でマンシュタイン将軍国防軍指揮下の武装親衛隊のイメージに憧れ、エリート部隊に入れるものと信じ、部隊配属後数週間後の戦闘でたちまち負傷し、間もなく米軍の捕虜となったグラス少年には、武装親衛隊が占領地域の住民や、連合軍捕虜に何を行ったかは知る由もなかったという、刊行後の回顧録の記述自体、メディアによるさまざまな検証で確証された。

今回の「グラスと武装親衛隊」をめぐる騒動を通じて、武装親衛隊があくまで親衛隊の武装組織であったことがよく知られるようになり、陸海空三軍とならぶ「第四の」ドイツ国防軍部隊であったというようなかつての神話は、かなり通用しなくなったと思われるが、ドイツ国防軍自身がセルビアやソ連でユダヤ人大虐殺を行った事実や、本書で追究分析したとおり武装親衛隊がユダヤ人ジェノサイドに本質的・決定的に関わっていた事実はドイツ本国でも研究者・学生や現代史に真摯な関心を寄せている出版・メディア人を除けば、まだまだ十分には認識されていないように思われる。それほどに国防軍対親衛隊の対比は歴史的記憶の牢固たる構図であり続けているといえ、元ナチ党員・親衛隊中佐で戦後軍記作家として大活躍したパウル・カレル（一九一一〜一九九七年）の『バルバロッサ作戦』はじめ一連の戦記物が、ミリタリーに関心ある世界中の若者に、独ソ戦を戦い抜いたドイツ国防軍は戦争犯罪をおかしておらず、軍兵士と全く変わらなかった武装親衛隊兵士も、同様に犯罪にコミットしていないという伝説を散布し続けたことも大きいと思われる。

いま一つには、武装親衛隊にまつわる神話は右のものに限られず、「ヨーロッパ軍団」という形での武装親衛隊存続神話が現在までインターネット等を通じて喧伝されていることが挙げられよう。筆者は、『武装SS』という著書で、武装親衛隊将軍シュタイナーやスイス人将校リートヴェークのゲルマン軍団構想に基づく、ドイツ人・民族ドイツ人・ゲルマン志願兵（ノルウェーやデンマーク等の北欧やオランダの出身者が多数）からなる、第一一装甲擲弾兵師団の編制（第三章「独ソ戦のなかの武装親衛隊」）、さらにバルト諸民族やバルカンの諸民族から師団の編制、わけても共産主義者やキリスト教徒に対する反感を利用したイスラム教徒の動員、なかんずく「第一三武装山岳師団《ハンジャール》（SS所属）」「第二一武装山岳師団《スカンデルベク》（SS所属）（アルバニア第一）」「第二三武装山岳師団《カーマ》（SS所属）（クロアチア第二）」の編制、また東方諸民族の編入、果てはヴォルガ下流のラマ教黄帽派のカルムイク人（カルムック人）まで動員していった状況に言及した（第五章「際限なき動員と武装SSの最後」）。武装親衛隊は、ムスリム師団《ハンジャール》編制によってゲルマン軍団の人種的統一性原則を大きく後退させてしまったが、対ソ連戦の逼迫状況によってアジア系仏教徒カルムイク人をも含む多国籍多民族部隊として増殖を続けざるをえない状況に追い込まれたのであった。

一九四五年四月一六日に開始されたソ連軍のベルリン攻撃に対してドイツ軍、ベルリン中老年市民・少年から成る国民突撃隊と並んで、武装親衛隊外人部隊が首都防衛の重要な核となったが、もはや帰る故郷を失ったことに加え、戦後にどんな希望も幻想ももてなかった彼らは、しばしばドイツ人兵士に劣らずよく闘ったと半ば伝説的に現在でも語られる。厖大なソ連軍部隊に完全に包囲された第三帝国ドイツの首都でのこの絶望的な戦いにおいて、いわばヒトラーの最後の警護兵として闘ったのは、既述の「ノルトラント」のデンマーク人、ノルウェー人、「第三三武装擲弾兵師団《シャルルマーニュ》（SS所属）のフランス人、「第一五武装擲弾兵師団（SS所属）（ラトヴィア第二）」のラトヴィア人たちであった。

武装親衛隊のラトヴィア人部隊の生き残り兵士たちは、九一年の独立以後、毎年編制記念日の三月一六日首都リガに集って行進をおこなっており、ロシア大統領プーチンはラトヴィア当局がこの行進を認めているのを非難し、さらにEUもナチ賛美のこうした動向に無関心であるとまで息巻いているが、武装親衛隊＝「ヨーロッパ軍団」神話を撒き散らしている人たちの観念・記憶にとって、武装親衛隊が現在も全てのヨーロッパ人のための軍事安全保障組織、新ヨーロッパの恒常的緊急防衛部隊であり続けているのはたしかである。「ノルウェーのフィヨルドからカルムイク人のステップまで包括する諸民族の連合部隊」という神話がなお瀰漫する現象は、たとえば国際治安支援部隊（ISAF）がヨーロッパ有志国の集まりから成る多国籍軍によって構成され、アフガン正統政府発足後、現状ではNATOによる活動を国連が承認した形になって展開されていることにもかかわりをもっている。

統一後のドイツは、最初からＩＳＡＦ設立にかかわり、軍司令官を提供したり三五〇〇名の連邦軍兵士を派遣駐留させたりしてきているが、右の神話をたえず紡いでいる人たちは、ナチ・ドイツが大ゲルマン帝国の盟主として、また武装親衛隊が人種的ヒエラルヒーを抜きがたい基礎原理として多国籍多民族部隊を動員支配する親衛隊エリートとして構想されていた当時の組織像を全くネグレクトする一方、戦後アルジェリアやコンゴで活動したフランスの外人部隊の例さえ引きながら第二次世界大戦末期の武装親衛隊の最終的変身のみにしがみつきつつ、何とか西欧同盟軍への歴史的接合の手がかりを見出そうとし、対テロ部隊のＩＳＡＦの現実の上に、全く事実を歪曲した蜃気楼を映し出そうとしているにすぎないというほかはない。

しかし本書で指摘したように、独ソ戦開始後ソ連ユダヤ人に対してジェノサイドをはじめて展開したのはフェーゲライン麾下の武装親衛隊騎兵旅団だった事実、また文字通りユダヤ人専門射殺部隊だった行動部隊の構成員の中で最も多かったのが武装親衛隊兵士だった事実、その後のポーランド・ユダヤ人抹殺をヒムラーから委任されたグロボチュニクが展開した「ラインハルト作戦」（一酸化炭素によるジェノサイド）では、トレブリンカはじめ絶滅収容所への強制移送作業の中心をになったのも、収容所での殺戮に直接関与したのも圧倒的に武装親衛隊だった事実、さらにラインハルト作戦とは別系統で展開されたツィクロンＢによるアウシュヴィッツでのガス殺作戦も武装親衛隊が決定的にかかわっていた事実等を総合すれば、武装親衛隊が対ユダヤ人ジェノサイド実行部隊の核をなしていた事実は、打ち消しがたいのである。

本書の構成について付言しておくと、第1章は、既述の拙著『武装SS』の武装SSの起源・組織編成にかかわる第一章と重なる部分もあるが、この前著は版がすでに切れており、しかも問題にはじめて接する方に対していきなり第2章のイデオロギー教育の問題から展開するのも唐突の観を与えねないとの懸念・配慮あっての内容構成になっていることをまずお断りしておきたい。私にとっていわば武装親衛隊の第一モノグラフともいうべき先の書を読んでいただいた方には、先著公刊以後の世界のSS研究の動向もふまえ、本書第1章にもかなり新しい内容が盛り込まれていることにお気づきいただけるであろう。第2章、第3章、第5章は書き下ろしの新稿である。残りの第4章は、『科學医學資料研究』三三四号（二〇〇二年六月）に掲載された拙稿「《ホロコースト》と《戦犯裁判》――医師・親衛隊・企業家の関係をめぐる一覚書」をかなり下敷きにしている。もっとも、この稿に関してもその後わずかながら筆者なりに進境があり、六年前の旧稿の増訂版プラスαと思って第4章を読んでいただければ幸いである。編集を当時御担当の池ノ上清氏からの御依頼で書いたもので、氏には大変お世話になった。この場をかりて御礼申し上げたい。こうして本書全体をもう一度見直してみても思わぬ勘違いやミスを依然少なからず残しているのではないかとおそれるが、もっぱらそれは節穴ばかりの筆者の責任である。率直な御叱正御批判をお願い申し上げる次第である。

今回私にとって武装親衛隊の第二のモノグラフをこのような形でとにもかくにも刊行できたのは、ひとえに有志舎代表・永滝稔氏の御尽力によっている。氏は拙著『ヒトラーのニュルンベルク――第三帝国の光と闇』（吉川弘文館、二〇〇〇年）でも編集を直接御担当下さり、さらに前著に「懲り」ず、再びお声をかけて下さった。おまけに体調を何度も崩した筆者の回復をほんとうに辛抱強く待ってくださった氏の御信頼に、どこまでお応えできたか心許ないが、ゴールに果たしてたどり着けるか否か甚だ危なっかしい、半病人同然の筆者との「舵無しペア」レースに、テーマへの実に粘り強い持続的な関心をもって最後までお付きあいくださり、励まし続けてくださった御厚情に、心から感謝申し上げたい。

二〇〇八年四月

筆　者

芝　健介　しば　けんすけ
1947年生まれ　東京大学大学院社会学研究科博士課程（国際関係論）修了
現在　東京女子大学文理学部教授
主要著書：
『武装SS』（講談社、1995年）
『ヒトラーのニュルンベルク』（吉川弘文館、2000年）
『ホロコースト』（中央公論新社、2008年）
その他著訳書多数

武装親衛隊とジェノサイド
暴力装置のメタモルフォーゼ

2008年6月30日　第1刷発行

著　者　芝　健介

発行者　永滝　稔

発行所　有限会社　有　志　舎
〒101-0051　東京都千代田区神田神保町3-10
宝栄ビル403
電話　03(3511)6085　FAX　03(3511)8484
http://www.18.ocn.ne.jp/~yushisha/
振替口座　00110-2-666491

装　幀　伊勢功治

印　刷　株式会社　シナノ

製　本　株式会社　シナノ

ISBN978-4-903426-14-3

木畑洋一 著　四六判　2520円（税込）

イギリス帝国と帝国主義

比較と関係の視座

かつて地球上の陸地の四分の一を支配したといわれるイギリス帝国。現在も「未完の脱植民地化」という問題を残す、その歴史を、日本帝国とも比較しつつ論じ、「帝国史」の新たな局面をひらく。

佐原徹哉 著　四六判　3360円（税込）

ボスニア内戦

グローバリゼーションとカオスの民族化

1990年代に勃発したボスニア内戦は、「民族浄化」と呼ばれる残虐行為やジェノサイドを引き起こした。この内戦の本質をグローバリゼーションの影響とボスニア社会の構造から明らかにする。

井村行子 著　四六判　2310円（税込）

異教徒から異人種へ

ヨーロッパにとっての中東とユダヤ人

「他者」はどのようにして創られるのか！
中世ヨーロッパの「異教徒」観から、反セム主義（反ユダヤ主義）の登場までを明らかにする。